# Le Meilleur
# est à Venir!

Les revenus de la vente de ce livre iront à l'association à buts
non lucratifs afin d'aider à la diffusion du Winspiration Day et
de l'Index de Développement Humain.

Écrivain:
Gabriele Borgmann, www.raum-zeichen.de

Illustrations et logo Winspiration Day:
Simon Hofer, www.simonhofer.ch

Traduction:
Jean Pierre Desroses et Jean-Yves Lopez

Images: Page 1: © Petra A. Kilick. Page 5: © Peter M. Mayr. Page 83: © Winspiration
Day Association. Page 91: © Dagmar Riedel-Breidenstein. Page 97: © Christian
Lietzmann. Page 103: © Maren Opfermann. Page 107: © Andreas Kühlke. Page
111: © Plant for the Planet. Page 119: © Holger Böhm. Page 123: © Tilo Pfefferkorn.
Page 141: © Wolfgang Sonnenburg. Pages 144–148: © Winspiration Day
Association.

ed. 005

Wolfgang Sonnenburg

# Le Meilleur est à Venir!

« Ce que la chenille considère comme la fin du monde,
est appelé par le reste du monde un papillon. »

*Lao Tse*

# Contents

## Préface de Péro MICIC

Préféreriez-vous vivre en l'année 1900 plutôt qu'aujourd'hui ? Ou à l'époque de l'Empire Germanique ? Ou avoir une semaine de 6 jours de travail de 60 heures ? Aimeriez-vous vivre dans un monde où le droit de vote des femmes n'existerait pas ? Ou encore vivre à l'époque où 10% de l'humanité mourrait encore de tuberculose ?

Il arrive souvent que l'on ait le sentiment que tout allait mieux avant. Mais si on examine les choses de façon plus précise, pratiquement personne n'aimerait se passer de la qualité de vie de notre époque. Dans l'ensemble, nous nous en tirons bien mieux aujourd'hui qu'il y a 20 ou 100 ans.

Il existe cependant un revers à la médaille : partout règnent la complexité et l'exigence. Un désastre climatique nous attend au tournant. Quand la crise pétrolière de 1973 a frappé, tout le monde pensait que le scénario catastrophe allait arriver : les rivières étaient déjà polluées ; la guerre nucléaire n'était plus qu'une question de temps.

Mais les choses ont évolué de façon différente. Mieux encore : nous avons amélioré quelques petites choses. Est-ce que l'avenir sera meilleur que notre présent ? Est-ce que le meilleur reste à venir ? Si vous avez des doutes, je vous comprends. Les gens ont généralement une vision à court terme : trop souvent, nous sacrifions notre espoir d'un avenir meilleur afin de nous sentir mieux, là, tout de suite. La crise financière mondiale, la destruction de l'environnement, la faim dans le monde, l'obésité et le manque de qualification qui se généralisent ne sont que quelques exemples des conséquences fatales de notre orientation à court terme.

Le système de gratification contenu dans le cerveau humain s'est élaboré sur une période de plusieurs millions d'années. Il y a quelques milliers d'années, nous n'avions pas à nous inquiéter de l'avenir : c'est pourquoi il est si difficile de nos jours de mener les bonnes actions en ce qui concerne l'avenir. Nous sommes complètement submergés par la complexité des choses. Mais il existe des raisons pour que nous soyons d'un optimisme prudent : nous utilisons aujourd'hui de meilleures ressources et nous possédons une meilleure compréhension du Monde. Nous commençons à maitriser, étape par étape, les problèmes à la fois menaçants et apparemment insolubles de notre temps. Afin d'atteindre ce résultat, nous devons entretenir une bonne relation avec notre « Moi futur » et notre « Nous futur ». Nous devons évaluer nos modes actuels de pensée et d'action, afin de prévoir s'ils seront bénéfiques ou délétères pour le bonheur de notre « Moi futur ».

Aurons-nous plus de prospérité ? C'est le but central que l'on vise pour les régions sous-développées de ce monde. Les besoins les plus pressants disparaissent dès qu'on atteint la prospérité matérielle. Mais nous n'avons nullement besoin de plus de richesse dans les sociétés littéralement saturées du monde soit disant développé. Nous aspirons à une plus grande qualité de notre vie : c'est cela qui devrait et devra grandir sans frontières prévisibles.

Wolfgang Sonnenburg possède une personnalité qui allie liberté et responsabilité, deux valeurs qui sont inséparables. Il a pris sa liberté et il assume sa responsabilité.

Son livre nous offre la possibilité de vivre l'Inspiration Gagnante (Winspiration) autrement. Que pouvons-nous faire ? Qu'est-ce que, nous tous ensemble, nous pouvons faire ? Il nous faut regarder la vie dans son entièreté, non dans quelques-uns de ses moments. Nous devons apprendre à connaitre et à aimer notre « Moi futur » et apprendre à connaitre et à aimer notre « Nous futur ».

Toujours réfléchir aux conséquences à long terme de nos actions ; observer plus longtemps et plus sérieusement l'ensemble plutôt que nous-mêmes.

Alors, là seulement, ce sera vrai : le meilleur est à venir.

# Salutations de Samy Molcho

La première fois que Wolfgang Sonnenburg m'a invité à son Winspiration Day, je me suis dit : « Oh, c'est encore une de ces réunions de motivation ! » - c'était à l'époque très populaire en Allemagne. Je fus très surpris de vivre quelque chose de complètement différent de ce que j'attendais : les présentations étaient différentes, l'atmosphère dans le hall était différente, l'enthousiasme était différent. Il était clair que c'était Wolfgang lui-même qui avait compris comment délimiter et mettre en pratique la différence entre la motivation et l'inspiration.

Se mettre à motiver quelqu'un sous-entend que la personne n'a pas envie de faire quoi que ce soit, mais qu'on devrait néanmoins la motiver - avec souvent une forme quelconque de récompense à la clé.

L'inspiration est quelque chose de différent : c'est un pouvoir spirituel de création, une puissance créatrice invisible qui réside en chacun d'entre nous.

Pendant ce Winspiration Day, Wolfgang n'a pas arrêté de reconnaitre et de féliciter des gens qui avaient réussi grâce à leur puissance intérieure et ceci en dépit de leur handicap, qu'il soit physique ou d'autre nature. Ces personnes sont montées sur scène et nous ont montré ce qu'il est possible de faire quand on croit, tout simplement. Nous réalisons nos visions si nous engageons notre propre puissance, si nous laissons s'extérioriser ce que nous pouvons vraiment bien faire.

Cher Wolfgang, j'espère que tu auras de nombreux lecteurs qui se diront : « Je veux en faire partie ! »

Le cadeau que Wolfgang nous offre avec cette journée toute spéciale, c'est d'allumer un feu en chacun de nous, afin de réveiller le courage et la force de réaliser nos visions de l'avenir. Les rêves ne devraient pas rester des rêves - ils devraient devenir une réalité.

Merci Wolfgang.

# Introduction :
# La Pensée d'Avant-Garde

Trois mots ont suffi pour galvaniser toute une nation. Trois mots qui sont devenus synonymes d'inspiration, car ils ont inspiré des gens et leur ont donné l'espoir en un avenir riche en opportunités : « YES WE CAN» (OUI, NOUS POUVONS !)

Après son élection en tant que 44ème Président des États-Unis, Barack Obama est monté sur scène et a réalisé le rêve qu'avait décrit autrefois Martin Luther King. Parfois, les rêves mettent 40 ans ou plus à se réaliser : ils ouvrent alors de nouveaux horizons et le bonheur afflue.

Ceci pour moi est la preuve que le pouvoir de la pensée, que la croyance en la justice et en un avenir meilleur, finiront par triompher au final. Il y a de nombreuses années, je me suis lancé gaillardement à la recherche du bonheur. J'ai parlé avec des philosophes, des scientifiques et des leaders de religions diverses. J'ai écouté des hommes politiques et je me suis laissé influencer par les récits de la vie de personnalités impressionnantes. Et toujours, l'idée ultime qui ressortait était que le bonheur consiste en une abondance de liberté et de connaissance, ainsi qu'en la volonté de tirer le meilleur de sa vie. Si les conditions du contexte politique sont bonnes, si tous les aspects des Droits de l'Homme sont garantis, alors un grand espace s'ouvre pour ce sentiment craintif de bonheur. Je voudrais ajouter une autre valeur à ces critères : la vision. La vision nous donne la force de croire en nos capacités, car elle nous le promet en 3 mots : Oui, nous pouvons (Yes we can !)

Je veux vous inviter à réfléchir au rapport publié par les Nations Unies, il y a plus de 20 ans, dans lequel on posait la question suivante : « Comment peut-on mesurer le bonheur de l'être humain ?». Les architectes de ce modèle de réflexion croient qu'avec les valeurs de l'Education, de la Santé, de l'Espérance de Vie et de la sécurité financière, le bonheur est possible. Je suis fasciné par cette tentative d'explication du bonheur en transcendant la notion de frontières, parce qu'elle place les gens au centre de toute la réflexion. Ceci indique que le bonheur présente plusieurs facettes et qu'il est significativement plus important qu'une formule mathématique.

Pour une fois, mettez vos doutes et vos vieilles doctrines de côté. Ouvrez vos pensées à l'idée que chaque être humain possède des capacités individuelles très spéciales - dès le jour de sa naissance et jusqu'à la fin. Notre tâche est de découvrir ces capacités et de les sauvegarder comme un trésor inestimable, afin de pouvoir dire, à la fin de notre vie : « J'ai été heureux !».

Je sais déjà que certains critiques vont demander : « Comment cela va finir si tout le monde fait ce qu'il veut ? » Je répondrai avec le sourire : « Très loin ! Bien plus loin qu'on ne peut l'imaginer aujourd'hui». Nous vivons dans une démocratie qui nous autorise l'épanouissement et l'expression individuelle de notre mode de vie. Jamais auparavant les membres de notre humanité n'ont été si proches les uns des autres, grâce à la nouvelle technologie et à la compréhension des arts et des cultures. Jamais auparavant il n'y a eu autant d'opportunités de construire nos propres voies d'expression. Alors qu'est-ce qui nous empêche d'approcher nos buts d'un pas léger ? Pourquoi ne recherchons-nous pas ces tâches qui font battre nos cœurs plus vite et qui enflamment notre imagination ?

Probablement y aura-t-il toujours des gens sur cette planète qui se bagarreront entre eux, qui se comporteront de mauvaise façon et qui blesseront les autres pour des raisons primaires. Les lois ne peuvent pas empêcher cela, elles ne peuvent que punir. Ces réalités font aussi partie de la vie. Mais alors, est-ce que nous devrions nous arrêter ? Et dévier même d'un petit millimètre de nos propres rêves, de ces rêves qui nous permettent de grandir au-delà de nous-mêmes, comme quand on est fou amoureux ? Je ne le crois pas. Nous avons besoin de gens qui exercent leur propre puissance, qui puissent découvrir leurs capacités et enrichir le monde. Nous pouvons provoquer beaucoup de choses, des grandes comme des petites. Chacun d'entre nous peut être un ambassadeur du bonheur et de la satisfaction. C'est de cela dont parle ce livre.

Embrassez la vision du Winspiration Day dans les pages qui suivent. Dans le monde entier, chaque année, des gens fêtent ce jour, le 7 mai. Je voudrais vous encourager à créer le plan de votre propre bonheur et de le travailler - dans de grands évènements publics, dans des soirées à la maison ou dans un petit groupe d'amis.

Je vous invite, dans le parcours de ce livre, à en apprendre davantage sur l'inspiration qui m'anime. Je relaterai des épisodes mineurs de ces 10 dernières années et je pense qu'une image d'ensemble de cette journée particulière - qui peut apporter tant de choses, si les gens se mettent à consolider leur énergie - se formera dans votre esprit.

Il y a un an, j'ai fondé avec mon équipe, à Zurich, une Association à Buts Non Lucratifs, afin de pouvoir donner une signification plus grande à cette journée et d'établir un jour standard sur le calendrier, comme le jour de la Saint-Valentin par exemple. Le temps était venu d'écrire ce livre qui est aujourd'hui devenu un livre d'inspiration : à certains moments il vous poussera à la réflexion, à d'autres le ton sera plus personnel, mais parfois il vous paraîtra dérangeant, car il divise et il polarise.

J'écris aussi ce livre dans le but de vous pousser à devenir membre de cette Association et pour vous demander de faire un don, afin qu'ensemble nous puissions propager cette idée de Winspiration Day (La Journée de l'Inspiration Gagnante) dans le monde entier. Une seule personne peut faire un petit peu, mais beaucoup de gens rassemblés peuvent réellement améliorer le monde. Une multitude de gens rassemblés peuvent influencer la société pour que celle-ci accorde une plus grande place de choix à la notion de Bonheur, en demandant par exemple aux hommes politiques d'accorder plus d'attention à cette merveilleuse idée qu'est l'Index de Développement Humain (IDH). Ce n'est pas le Produit National Brut ou PNB qui importe, mais bien la croissance de l'humain qui est, elle, un point central. Il faut se concentrer sur des valeurs « douces » telles que l'éducation, la santé, la liberté de donner un style personnel à sa propre vie. Selon moi, la totalité de ces valeurs garantit le bonheur. Les hommes politiques devraient lire le rapport annuel de l'ONU et le conserver bien en évidence sur leur bureau comme document de travail : ils devraient l'étudier jusqu'à ce que les pages soient cornées et qu'ils considèrent à quel point ces valeurs devraient en permanence animer leurs pensées, leurs programmes et leurs actions.

En même temps, je voudrais que certains chefs d'entreprise acquièrent une plus grande conscience du bonheur de leurs employés, que la plupart des enseignants aient une vision plus large des talents de leurs élèves, que les parents s'occupent de leurs enfants avec plus de bienveillance. J'ai écrit ce livre pour eux tous.

Je souhaite fournir des stimuli pour des idées qui pourront faire partie intégrante de la vie de tous les jours et, qu'une fois par an, nous nous concentrions sur ce qui compte vraiment dans la vie. Je suis réellement très fier que les personnalités que j'ai eu le privilège de rencontrer aient daigné s'exprimer dans mon livre : elles ont réellement accompli de très grandes choses dans ce monde. Des personnes telles que Pero Micic, Samy Molcho, Muhammad Yunus, Manfred Spitzer, Félix Finkbeiner, Joanna Zimmer, Dagmar Breidenstein, ainsi que toutes celles et tous ceux qui continuent à m'impressionner. Parce qu'ils partagent leur savoir et leur passion, et parce qu'ils disent tout simplement : « Oui, je le fais ».

Bien à vous, Wolfgang Sonnenburg.

# L'Idée :
# Revenir aux Bases

Imaginez un instant que la prospérité d'un pays ne soit plus mesurée uniquement à l'aune de ses bilans. Quel serait le tableau si les gens n'étaient pas minés par la phobie de la crise ? Et si, au contraire, leurs cœurs étaient gonflés d'espoir pour l'avenir ? Ne pensez-vous pas qu'il y aurait à la fois une croissance constructive spontanée et plus de justice dans ce monde ?

Cela fait déjà plus de 20 ans que les Nations Unies essayent d'élargir les standards nationaux afin d'y inclure l'éducation, la santé, le bonheur et les niveaux qui y sont associés. En 1990, l'ONU déclarait : « Les personnes représentent la véritable richesse d'une nation. L'objectif primordial de développement est de créer un environnement propice, afin que les peuples jouissent d'une vie saine et créative. Cela peut paraître une vérité toute simple, mais elle est très souvent oubliée au profit du souci immédiat d'accumuler des denrées et des richesses financières (extrait de IDH, objectif numéro 5) »

L'Association Winspiration Day soutient cet objectif des Nations Unies : elle organise un évènement annuel, d'une journée, afin que nous puissions saisir cet Index de Développement Humain (IDH) et l'utiliser comme une opportunité personnelle. Cet index a pour but de rassembler les gens, de les encourager à suivre leur propre voie et de les libérer de leurs vieilles croyances limitantes. Cette journée doit permettre à chaque personne de créer son plan du bonheur dans la vie. Imaginez l'énergie incroyable qui se-

rait créée si des gens du monde entier participaient à cet effort !!!
Le Winspiration Day est célébré chaque année le 7 mai sur des
scènes, dans des maisons, sur internet : il va enflammer vos rêves
et mettre le feu aux poudres de votre vision pour l'avenir. Ce jour
va toucher le cœur des gens et, de manière exponentielle, il va
créer une puissance énorme.

*Baden-Baden, année 2006. Le soleil brille au-dessus des pi-
erres blanches. Enfin, on commence à sentir les premières
odeurs de l'été qui approche. Aujourd'hui c'est la 4ème fois
que j'envoie des invitations pour le Winspiration Day : cette année nous avons un agenda extraordinaire. La presse
en a déjà parlé : j'ai été interviewé lors de la préparation de
l'évènement. Tout est en place, exactement comme tout orga-
nisateur le souhaiterait. Je suis maintenant en train de marcher dans ce grand hall vide du Baden-Baden Resort. Je suis
tout seul et je suis légèrement nerveux : enfin..., la nervosité
d'un speaker avant sa prestation est aussi naturelle que le tin-
tement des coupes de champagne dans une soirée. Je jette
un regard à l'extérieur : l'image des fleurs aux couleurs chato-
yantes du dehors commence à s'estomper devant mes yeux
et je commence à visualiser la scène de Yokohama : c'était il
y a quelques semaines, dans cette grande ville du Japon, que
j'allais faire la connaissance du petit Rex.*

*Cette rencontre m'a ému au plus profond de mon âme. Ce jeu-
ne garçon était venu au monde 9 ans plus tôt avec un handicap majeur : il était aveugle, sourd et il pouvait à peine bouger.
De plus, il était devenu évident, dès ses premières années de
vie, que le petit Rex était autiste. Mais il possédait un talent. Sa
mère a découvert ce talent et l'a entretenu avec une dose immense d'amour et de dévotion : Rex peut jouer du piano ! Juste comme ça ! Il peut mémoriser les compositions des grands
maitres classiques et il peut ensuite les recréer, alors qu'il ne*

*sait pas lire la musique. Ce don semble renforcer sa capacité auditive, améliorer sa concentration et semble l'aider à mieux bouger et à remplir son cœur de joie. Ses handicaps multiples semblent disparaitre dans le néant quand il est en présence de mélodies. Il libère toutes ces notes sur le piano et semble s'envoler jusque dans un pays lointain, jusqu'au moment où la dernière note s'évanouit lentement.*

*Les spécialistes font remarquer que Rex représente tout à fait ce que l'on appelle un enfant prodige. Mais moi, j'appelle cela du talent et du travail acharné. Il s'entraine des heures durant, des jours durant, et il se perd dans l'espace-temps.*

*Ce soir, je vais les accueillir, lui et sa mère, sur scène et les présenter à un public de milliers de personnes, puis je vais leur remettre un Prix. Je crois que ce jeune garçon a un message à transmettre. Sa mère l'exprime avec ses mots : « Il y a quelque chose de caché en chacun de nous. Nous avons tous des forces. Nous avons tous des faiblesses. Mais si nous sommes passionné par notre vision, alors nous découvrirons nos capacités uniques ». Rex, lui, salue tout le monde dans la salle en criant : « Joyeux Winspiration Day ! ». Personne n'a jamais dit cela auparavant.*

*Et moi ? Je vais probablement me tourner vers le public et lui demander : « Rex joue du piano. Et vous ? ».*

http://may7.org/ugfe – Cathleen Lewis a écrit le livre : « Rex : une mère, son enfant et la Musique qui a transformé leur vie ».

## La crise économique est une crise de valeurs

Fermez les yeux un instant : détachez-vous du monde extérieur pendant quelques minutes. Redirigez votre puissance vers votre for intérieur, mettez-y de la couleur et concentrez-vous seulement sur cette simple phrase : « Nous n'avons jamais été aussi prospères.»

Comment vous sentez-vous ? Bizarre ? Irrité ? Et bien, c'est normal, car la plupart d'entre nous a été conditionnée à se plaindre, à avoir peur, à toujours revenir en arrière. Nous sommes sensibles aux catastrophes. Et voilà où nous a mené le grand plan de l'évolution : nous réagissons toujours par le réflex de fuite devant le danger et c'est un de nos plus gros défis à relever. Le cerveau humain n'a pas encore oublié ces directives neuronales archaïques et c'est exactement de cela que les média profitent honteusement. Les média se précipitent sur le malheur, le dissèquent jusqu'à atteindre le seuil de douleur et ensuite le passent en boucle continuelle, jusqu'à ce que le public se mette à ressentir de l'insécurité et se mette en retrait.

Prenons par exemple l'incident qui s'est produit en 2007 : la petite Maddie a disparu. Elle était en vacances avec ses parents dans la station balnéaire de Praia da Luz au Portugal. Un soir, ses parents trouvent sa chambre vide : ils alertent la police. Les journaux se font une concurrence farouche pour capter l'attention des lecteurs. Pendant des mois, les média vont exploiter le fait que les mauvaises nouvelles rapportent plus de profit que les bonnes nouvelles. En plus de ces bénéfices, pour ainsi dire, les journalistes ont accompli quelque chose de plus subtil qui a fait lentement et furtivement son chemin dans la routine quotidienne des lecteurs : un sentiment d'insécurité profonde a été créé. Les mères ont commencé à surprotéger leurs enfants, ne leur ont plus fait confiance quand ils partaient seuls à l'école et leur ont interdit d'aller jouer au parc avec leurs copains. Les messages négatifs n'étaient pas oubliés après la lecture des articles : au contraire, ceux-ci prenaient de plus grandes proportions dans les esprits et dans les cœurs. Il y avait un besoin urgent d'attraper le coupable afin de mettre un terme à ce drame et de pouvoir retourner à la routine insouciante de tous les jours.

Les journalistes ont bien réalisé à quel point les lecteurs avaient perdu leur équilibre ; en dépit de cela, ils ont continué leurs spéculations de manière éhontée. Leur battage médiatique a créé l'image d'une époque pleine de dangers et d'asservissements : comme si les enfants étaient tout le temps kidnappés de cette manière. Ce journalisme négatif a déformé les contours de la réalité : et la réalité était, qu'en fait, la vie était plus sûre et meilleure depuis de nombreuses années.

Il est hautement probable qu'au même moment, et en parallèle à cet épisode troublant, une mère donnait naissance à un enfant en bonne santé, un adolescent avait obtenu son diplôme avec mention très bien, un chirurgien avait sauvé la vie de quelqu'un en l'opérant, un entrepreneur avait évité la faillite, deux nations avaient signé un pacte de non-agression afin d'éviter un conflit armé, un Chef d'Etat avait amnistié des prisonniers innocents.... Les critères du contrat du nouveau millénaire avaient été atteints dans une plus grande mesure.

Et pourtant les gros titres des journaux parlaient de chasse à l'homme au Portugal et des confessions des parents de Maddie à la Presse et au Pape. Et tout cela a créé encore plus de peur et de tristesse.

## La responsabilité au lieu de l'apathie

Nous avons les Média que nous méritons. Aussi longtemps que les célébrités fades et parasites des reality shows de série D gagneront plus d'argent qu'un terrassier qui s'éreinte et se casse le dos pour la communauté ou qu'une infirmière aux soins intensifs qui aide les grands malades, l'apathie continuera de gagner le pays et il y aura toujours un manque de modèles de vies exemplaires et enrichissantes. Au niveau du microcosme, les gens ont plus besoin de stimuli que d'apathie ou de monotonie. Nous vivons dans une société qui laisse des empreintes au niveau de nos comportements quand nous nourrissons nos esprits d'une abondance de mauvaises nouvelles. Mais les problèmes et la tonalité générale peuvent être changés simplement à la condition que l'individu corrige son attitude en décidant d'affronter la réalité avec optimisme. Nos pensées influencent nos actions : alors pourquoi nous étonnons-nous de la manière insidieuse dont nos valeurs sont altérées, quand l'espoir est tué et que la peur se généralise ?

## La peur est mauvaise conseillère

Néanmoins, il serait injuste de rejeter toute la faute sur les hommes politiques et sur les média quand on fait allusion à cette peur de l'avenir qui affecte tant de gens. Ce ne sont pas les média qui inventent des scénarios lugubres, ni seulement les politiciens qui créent les problèmes : je dirais plutôt que c'est chaque individu qui affecte l'humeur de son pays. Chaque personne adulte peut élire ses propres représentants politiques, peut soumettre des cas à la législature, peut faire des requêtes et peut s'impliquer. Chacun d'entre nous est responsable de la Moralité. Aucun d'entre nous ne peut se faire enseigner comment vivre avec moralité Si une personne en fonction est accusée de gain personnel et si sa réputation est ruinée avant qu'un juge n'ait pu statuer, si l'arbitraire passe avant le droit individuel à la protection de la vie privée et si cette personne ne sait absolument pas si elle pourra un jour reprendre sa vie en mains, alors je crois que c'est une honte et d'un autre côté, nous avons là une indication que la moralité peut être très volatile.

Christian Wulff (ancien Président de l'Allemagne de 2010 à 2012) fut, à une certaine époque, adulé comme personnalité très en vue. Puis, la presse à scandale l'a fait tomber en disgrâce. J'ai rarement vu quelqu'un vieillir aussi vite : c'est fou de voir à quelle vitesse le pouvoir disparait quand votre propre espace vital devient le point central d'une tragédie.

Je suis sûr que nous pourrions réaliser beaucoup de choses si nous pouvions éviter de telles situations. Nous devrions honorer nos forces intérieures et notre objectif de retirer le meilleur de la vie, et nous tenir à l'écart des plaintes et de la malveillance.

Et si nous décidions un jour par an de fournir l'impulsion nécessaire pour réaliser nos buts et satisfaire nos désirs ? Et si nous déclarions jour férié cette date spéciale dédiée à notre plan de vie ?

Nous sentirions alors notre potentiel : réunis à plusieurs, en famille, avec nos amis, nos collègues, nos voisins, nous réfléchirions à nos forces et comment les utiliser. Je sais - fort de mes nombreuses rencontres, lectures, discussions et sessions de coaching, et surtout fort de mes 10 années d'expérience avec le Winspiration Day - je sais à quel point cette force d'impulsion est grande. Vous pouvez réduire, voire même éliminer, la pauvreté, et vous pouvez aussi induire la richesse et le bonheur. Il vous suffit alors d'énumérer ce que vous voulez, l'écrire noir sur blanc et vous tenir debout dans une pièce et le proclamer : alors vos désirs vont commencer à se concrétiser dans votre vie et dans le monde alentour.

## L'avenir de nos enfants

Nous avons besoin de pensées positives pour notre avenir. Afin de créer ces pensées, nous devons délibérément sortir de la foire d'empoigne quotidienne et dire oui à des moments privilégiés totalement étrangers à nos tâches journalières et à notre carrière. Quand vous êtes-vous assis pour la dernière fois avec votre enfant pour construire des tours en Lego ? Quand avez-vous couru dans la nature, en ressentant à nouveau cette sensation que l'oxygène pénétrait les derniers recoins de votre cerveau ? Quand avez-vous tout simplement apprécié un bon fou rire ? Quand avez-vous regardé un passant dans les yeux en lui souriant ? Chaque moment positif laisse une traînée de bonheur dans notre cerveau. Faites-vous la collection de ces petits moments précieux de la vie de tous les jours ?

Nous avons certes besoin de moments de bonheur et aussi, parfois, d'une approche plus désinvolte de la vie. Nous devrions trouver un équilibre entre les domaines importants tels que les finances, l'éducation et la santé, tels qu'ils sont décrits dans l'Index de Développement Humain (IDH).

Les futurologues prédisent ceci : la prospérité, telle qu'elle n'a encore jamais existé, est imminente. La promesse de nouvelles technologies et de nouveaux concepts de vie : ces 2 notions vont changer toute la donne. Mais nous avons aussi besoin que nos enfants deviennent des adultes intelligents et confiants en eux, afin qu'ils affrontent les défis de l'avenir de manière responsable plutôt que de la manière réactive enseignée dans les écoles.

On ne peut exclure la créativité en fermant la porte de la classe. Quand des enseignants envoient des enfants dans le couloir parce qu'ils perturbent la classe, et bien personne ne devrait être surpris quand les petits enfants restent muets face à l'autorité. Une telle punition appartient à un siècle révolu et, pourtant, c'est une pratique toujours courante dans les écoles primaires. Une approche éducative plus adaptée devrait suivre l'expression : « Mettez l'enfant créatif au milieu ».

Les enfants veulent parler et ne veulent pas se taire. Ils veulent découvrir leurs capacités, à leur manière. Ce ne sont pas des êtres suffisants et ils sont loin d'être fatigués de la vie. Ils prennent leur avenir en main, comme Félix Finkbeiner qui, en 2007, alors âgé de 12 ans et à la tête de son Organisation « Planter pour la planète », fit un appel général pour qu'on plante des arbres afin de générer de l'air propre. Il a parlé à la tribune des Nations Unies et il est aujourd'hui « l'enfant ambassadeur des Nations Unies pour la Justice du Climat ». Il a de plus écrit un article intitulé : « C'est tout bon - comment les enfants vont changer le Monde».

Aujourd'hui, le Monde est plus riche de 12,6 milliards d'arbres, grâce à son dévouement à cette cause. L'Association Winspiration Day l'a accueilli sur scène une année et lui a remis un Prix.

## 120 ans de vie

Celui qui ne parle que quand on lui pose une question ne laisse aucune trace. Il avance dans la vie sur la pointe des pieds et se soumet aux règles, au lieu de les remettre en question. Une chose est sûre : personne ne dispose de l'éternité mais chacun d'entre nous a l'opportunité de bien utiliser son temps. Il y a plus de 2000 ans, Sénèque a dit : « Je ne contrôle pas la durée de ma vie, mais que je vive vraiment, pendant que je suis en vie, cela dépend de moi. » Et voici un fait indiscutable : nous vivons plus longtemps.

Selon une étude récente de l'OCDE, la moyenne d'âge dans les pays développés est de 77 ans. En Allemagne, l'espérance de vie avoisine les 82 ans. Donc nous sommes obligés de penser, de ressentir et de choisir 82 fois 31 536 600 secondes par an. Et nous ne sommes pas loin de pouvoir vivre jusqu'à 120 ans et plus. Et, ainsi, notre espérance de vie a augmenté de 50%.

Les perspectives d'une vie longue et épanouissante n'ont jamais été meilleures. Elles augmentent avec la santé, l'éducation et le bonheur que chacun doit ressentir quand il ou elle se rappelle qu'il doit extraire le meilleur de sa vie. Les pessimistes se lamentent en prédisant la mauvaise augure : « Pour l'amour du Ciel, qui est sensé payer tout cela ? Nous sommes déjà sur la paille, avec la caution pour l'Europe : comment allons-nous même pouvoir nourrir nos vieux ?». Je dis : « Ceux qui ont appris à dépendre de leurs compétences et qui auront conçu leur vie sur la vision et la créativité, ceux-là pourront, de façon indépendante, prévenir la pauvreté de la vieillesse».

De nouveaux concepts de travail et de retraite vont émerger. L'âge de la retraite n'est plus limité à 65 ans. Il y a juste 20 ans, des hommes et des femmes dans la fleur de l'âge prenaient leur retraite à 56 ans : quel gaspillage en ressources de connaissance et d'énergie ! Aujourd'hui, les hommes politiques parlent de la retraite à 67 ans. On avance à petits pas...

Qu'est-ce qui nous empêche de recommencer à voir grand et à jouir de notre vision ? Le fait de se plaindre fatigue le corps et l'esprit et fausse notre attitude envers la vie. De plus, l'habitude de se plaindre laisse dans le cerveau des traces qui piétinent lentement, mais sûrement, notre vision du Beau et du Bon. Nous devons trouver des alternatives pour surmonter le manque de courage : c'est à ce prix que nous pourrons créer de la flexibilité pour l'avenir.

Réfléchissez seulement aux scénarios de crise de surpopulation en Europe que l'on nous a assénés il n'y a pas si longtemps : ils se sont avérés incorrects. Aujourd'hui les chercheurs prédisent qu'à la fin du 21ème siècle, l'Europe ne représentera que 5 à 8 % de la population mondiale. En fabriquant des crises, la seule chose que l'on crée, c'est la peur. Ceci ne conduit jamais à la croissance et à la vitalité. Nous ne devrions pas nous permettre d'être comme des bateaux dérivant sur une mer démontée, abandonnés aux seules vagues des média et des pessimistes.

Il me paraît beaucoup plus judicieux que nous nous rappelions individuellement à l'ordre, en nous servant de notre responsabilité et de notre confiance en soi. Le Winspiration Day du 7 mai est un jour de concentration. Et, en jetant un regard audacieux sur notre vie à venir, l'idée suivante pourrait émerger : « C'est moi qui définit mes objectifs et non pas les hommes politiques, les média, mes enseignants, mon patron ou qui que ce soit d'autre».

Il vous faut partir du principe que vous devriez faire ce qui vous passionne, car cela vous conduira au succès personnel et contribuera au succès de la société. Déjà au 12ème siècle, Bernard de Clairvaux, fondateur de l'Ordre Sacré des Cisterciens, disait : « La Passion est plus grande que la Connaissance ».

## Destin ne signifie pas désespoir

Depuis le premier Winspiration Day en 2003, beaucoup d'autres journées ont vu le jour sous des formats variés. Ces journées sont provoquées par des gens qui font quelque chose de spécial, mais aussi par des rencontres que vous n'oublierez jamais, telles que celle avec Jim Mac Laren.

> J'ai rencontré Jim dans un Starbuck Café de Santa Fe. Ce sont ses yeux qui m'ont captivé. J'ai vu cette curiosité dans ses yeux qui capturaient chaque seconde de vie autour de lui. Parmi le tas de clients présents, j'ai remarqué l'intensité de son charisme. Voilà quelqu'un qui paraissait extrêmement handicapé. Il était assis dans un fauteuil roulant et ses mains étaient si crispées qu'il ne pouvait même pas déboucher une bouteille d'eau minérale. Mais tout dans sa personne semblait dire oui à la vie. Je l'observais, et je détournais vite mon regard quand il regardait dans ma direction. J'ai bu mon café plus vite que

*d'habitude et j'ai quitté le café plus vite que d'habitude. Je me suis arrêté dans la rue et je me suis mis à penser : « Pourquoi n'ai-je pas parlé avec cet homme ? Pourquoi ne lui ai-je pas dit que son aura m'avait impressionné ? » Et, à ce moment-là, m'est venu la sensation désagréable d'avoir laissé passer la chance d'une conversation très spéciale. J'ai fait demi-tour, je suis rentré dans le café et c'était comme s'il avait anticipé ma réaction. Il m'a fait un signe de la tête, et c'est ainsi qu'a démarré notre amitié.*

Jim Mac Laren était autrefois un champion sportif adulé aux Etats-Unis. Jusqu'au jour où le destin l'a frappé : il a été estropié par 2 accidents consécutifs aux vertèbres cervicales. A cet instant, je me suis demandé : « Comment est-ce possible ? Comment se fait-il que je rencontre un homme qui a été dépouillé de tout ce qui comptait pour lui jusqu'à ces accidents tragiques - son agilité, sa vitesse, sa fascination pour le sport - et qui se comporte de manière si sensible et si affirmative envers la vie ?» La réponse que j'ai reçue m'a sidéré. Jim Mac Laren a vu dans ce coup du sort une raison supérieure : celle d'élever le niveau de conscience et la compréhension des gens « normaux» dans la société envers les personnes handicapées et ainsi d'aider ces dernières de façon tangible et psychologique.

L'Organisation que Jim a mise en place s'est assurée que les hommes, femmes et enfants invalides ne soient plus mis à l'écart dans le monde entier et qu'on arrête de les fuir : ils ont reçu de l'aide. A sa manière intelligente, douce et confiante, Jim s'est battu pour faire tomber les barrières intérieures et extérieures. Grâce à Jim Mac Laren, les personnes handicapées ont maintenant un lobby qui les représente au Congrès, elles ont trouvé une place dans la société et elles se sont trouvé une nouvelle image de soi.

L'aide au développement devrait commencer avec les personnes plus faibles. En 2006, j'ai remis à Jim le Winspiration Award, assorti d'un chèque de 10 000 euros au profit de sa Fondation Choose Living (Choisissez de vivre). Il a fait un commentaire à propos de son Award en utilisant des mots qui décrivent de façon splendide le Winspiration Day : « Des gens qui avaient des désirs identiques ont appris à se connaitre. Ils n'ont pas élaboré de plan grandiose pour changer le Monde. Au contraire, nous voulons toucher et aider des gens individuellement. Vous m'avez aidé. J'ai ressenti votre Energie ... Et je ne dis pas cela facilement. Qui sait ce que l'avenir nous réserve ? Je trouve que l'avenir est excitant et passionnant. Merci beaucoup. »

Jim Mac Laren est décédé le 31 Aout 2010. Merci Jim pour ta motivation qui a donné aux personnes handicapées du courage et une réponse médiatique. Merci pour tes paroles : « Etre vivant veut juste dire vivre : et c'est une bonne chose.»

http://may7.org/kqyu — video avec Jim Mac Laren

## *Le monde des affaires a besoin de valeurs*

Les minorités sont souvent privées de couverture médiatique, car les journalistes préfèrent caresser dans le sens du poil l'égo des dirigeants de sociétés et d'institutions, ce qui laisse beaucoup à désirer. Néanmoins, la vanité et le profit ne peuvent être à long terme les seuls motivateurs. Les gens qui travaillent uniquement pour amasser de l'argent perdent le contact avec le sens de la vie et finissent en définitive dans la dépression. Les affaires qui s'efforcent uniquement de produire des factures, mais qui n'arrivent pas à observer les standards de qualité, n'auront pas une bonne réputation à long terme. Dans son livre « Strategische Unternehmensfuhrung » (Le gouvernement stratégique), le Professeur Hans Hinterhuber conclut que, toutes choses étant considérées, seules les compagnies qui offriront des solutions aux problèmes sociétaux auront un avenir parce que « les gens sont plus importants que les stratégies » : c'est tellement vrai !

Ce qui n'est pas suffisant, c'est que des entreprises adoptent et annoncent des ordres de mission juste pour l'amour des jolies phrases. Des valeurs ne deviennent réelles que quand les salariés peuvent les ressentir, les respirer et les partager. Cela se produit quand, en respectant sa responsabilité, une entreprise stimule ses salariés, promeut leurs compétences et leur donne de l'espace pour la responsabilité personnelle et la satisfaction individuelle. C'est un moyen efficace de prévention du burn-out au niveau individuel et de la chute collective de la performance. Ceci permet aux gens de travailler à un niveau supérieur et dans la joie parce que, s'ils sont passionnés par une vision, les individus inspirés peuvent réellement accomplir de grandes choses. En l'occurrence, la peur de l'avenir ne peut subsister quand elle est privée de sa base.

## Voir dans l'avenir

Il n'y a aucune raison d'avoir peur de l'avenir. Nous sommes sur le point d'atteindre un niveau de prospérité que l'on a du mal à commencer à concevoir aujourd'hui. Le futurologue Mathias Horx ne cesse de faire remarquer que nous avons tendance à entretenir des peurs infantiles. Encore aujourd'hui, les étudiants lisent dans leurs manuels qu'à cause d'un boom imminent de la population mondiale, les besoins en énergie et en nourriture ne pourront pas être satisfaits dans l'avenir. Dans un autre contexte, souvenons-nous d'une prophétie qui circulait largement au sein de certains cercles ésotériques concernant la Fin du Monde qui était prévue en Décembre 2012. Un avertissement aussi horrible que cela tirait simplement son origine du fait que le Calendrier Maya s'arrêtait justement à cette date précise. Beaucoup d'éditeurs, en jouant sur cette interprétation, ont décidé d'être alarmistes et de semer la panique ; des films catastrophes de Fin du Monde ont inondé les écrans. Une certaine industrie touristique a jubilé et en a profité au maximum en diffusant des packs de voyage complets pour le Mexique, le Guatemala et le Honduras. Et pourtant, jusqu'à ce jour, la Terre tourne toujours...

Dans les années 1970, la crise énergétique nous inquiétait. Les dimanches sans voiture et l'obligation de rouler au pas à l'approche des feux rouges furent des mesures imposées pour résoudre le problème. Néanmoins, la crise n'est pas survenue. On a même écrit des scénarios dans lesquels les robots seraient capables, seuls, de pratiquer des interventions chirurgicales sur des humains. Pourtant, jusqu'à ce jour, les chirurgiens pratiquent les opérations, alors que les relations humaines perdurent tout comme la confiance dans les compétences de l'homme.

D'un autre côté, le village global resserre ses rangs. L'électronique dans les média fournit les informations, dénonce l'injustice et les violations des Droits de l'Homme qui sont perpétrées dans les régions les plus reculées du monde. De nouvelles technologies emboitent le pas et nous ne pouvons rester aveugles face à cela. Au contraire, nous ferions mieux de nous éduquer et de reconnaitre les avantages de ces technologies si nouvelles.

Il y a 50 ans, posséder un poste TV en couleur représentait le comble du luxe. Aujourd'hui, les écrans tactiles ornent les murs des salles à manger et les verres de lunettes contiennent une puce qui permet à tout moment d'accéder au monde virtuel. Il y a moins de 180 ans, le premier voyage en train effectué en Allemagne, sur le trajet Fürth-Nuremberg, causa une énorme sensation en roulant à 36 kilomètres à l'heure. A l'époque, les portes du train avaient été clouées par sécurité pour empêcher les 200 passagers de paniquer dans les wagons. De nos jours, les trains ICE Inter city à grande vitesse sillonnent le pays de part en part à la vitesse approximative de 300 km/h, tandis que les passagers lisent un livre ou font la sieste, emmitouflés dans leur couette de voyage. Demain, ils glisseront sur des rails à l'intérieur de trains-fusées de haute technologie, qui seront contrôlés par ordinateur et qui seront devenus totalement insensibles aux conditions météorologiques extérieures.

## Le pouvoir de la pensée

Nous avons besoin d'apprendre à tirer profit des domaines de l'avenir et d'embrasser, plutôt que de renier, l'innovation. En faisant cela nous préservons notre énergie et nous ajoutons à la vie une touche de curiosité.

Certains neurophysiologistes ont découvert que plus de 80 000 pensées traversent notre esprit chaque jour. Et pourtant, nous ne sommes conscients que d'à peine 6% d'entre elles. De plus cette récupération mémorielle si dérisoire est constituée de vieux paradigmes rassis qui ont un effet contreproductif sur le plan de la vie personnelle d'un individu et qui entravent sa performance en société. Avec le temps, l'activité cérébrale ralentit et nos sens déclinent, tout comme un muscle qui n'est pas entrainé. Grâce aux techniques modernes de recherche sur le cerveau humain, nous savons aujourd'hui que le cerveau humain peut créer de nouvelles synapses jusqu'à un âge avancé, à condition qu'il soit entrainé. Nous avons besoin de générer de la stimulation, d'étendre les limites et concevoir des visions  Le Winspiration Day a pour vocation d'encourager de telles aspirations. Le film à succès « Le Secret » est basé sur cette idée : par le pouvoir de nos pensées, nous pouvons obtenir beaucoup plus de succès que nous n'aurions pu l'imaginer. Tout ce que nous devons faire est de saisir l'opportunité et de revenir aux bases - une fois par an et, bien sûr, chaque jour qui passe, faire comme le jour de la Saint Valentin, quand nous sortons diner avec notre amour et que nous planifions ensemble notre avenir. Le 7 mai, nous pensons au futur ! Nous invitons les amis, la famille, les voisins et les collègues. Nous nous rencontrons en privé ou en public et nous accumulons de l'énergie, nous voyons plus grand... et plus grand encore !

## L'Objectif de Vie :
## Quelle est la Valeur de la Vie?

Une pomme n'est pas une poire. Et rien ne peut changer cela. Le fruit conserve toujours en son cœur sa nature propre. Son apparence et son goût peuvent néanmoins être raffinés dans les bonnes conditions. Le fruit peut murir en paix et se développer jusqu'à maturité. La même chose s'avère exacte quant aux dons que nous recelons en nous : nous pouvons aussi bien ne pas les ignorer afin qu'ils se développent en talent pur. C'est uniquement à ce moment-là que se produit le phénomène d'auto-actualisation. Je l'appelle l'Objectif de Vie. Il est important d'identifier cet Objectif et de le renforcer pour ne pas avoir à regretter à la fin de sa vie et pour être authentique et heureux. Une journée de focalisation peut aider à cela : une fois l'an, le 7 mai.

Avez-vous remarqué avec quelle rapidité nous étouffons nos talents avec une éducation déficiente, en choisissant la mauvaise profession pour laquelle nous trimons 60 heures par semaine et pour finalement nous effondrer en plein burn-out ?

Je ne suis pas impressionné par les statistiques relatives aux horaires de travail et aux preuves de performance. Trop souvent, elles cachent un dilemme personnel. Les statistiques sont très appréciées dans les pays germanophones. Particulièrement dans les milieux d'affaire, chaque secteur d'activité est examiné et décrit en termes de chiffres. Et, pour cette raison, on leur accorde une attention sérieuse. Car ces chiffres décrivent une vérité qui va, soit en secouer certains, soit en faire bailler d'autres, en fonction du sujet ou de la perspective.

Le Bureau Fédéral des Statistiques  indique que les Allemands travaillent trop et pendant des périodes beaucoup trop longues. Que peuvent indiquer de telles statistiques au niveau de notre sort personnel ? Elles calculent la quantité de travail mais pas sa qualité. De mon point de vue, les efforts d'une infirmière en Unité de Soins Intensifs comptent plus que le cours planifié d'un enseignant. Les statistiques mesurent les professions en terme de chiffres, pas en terme de vocations. La joie de travailler et le sentiment d'épanouissement dans sa vie sont passés sous silence. Donc, à la fin, on arrive au chiffre de 60 heures de travail par semaine, et c'est cette information qui est communiquée.

Ceci mène à un débat, en fait à un débat mondial. Les pessimistes froncent les sourcils et nous avertissent : « L'éthique est en danger. Nous avons besoin d'un nouveau guide de vie, sinon nous allons travailler jusqu'à la mort. » Les optimistes relèvent les manches et se réjouissent. : « C'est un bon signe. Cela montre que de plus en plus de gens ressentent leur métier comme une vocation et que ce n'est pas le temps passé, mais le bon ressenti en fin de journée qui est important.

Je crois pour ma part que nous n'avons pas besoin de travailler avec des limites horaires, mais plutôt avoir une activité que nous chérissons et respectons et dont nous sommes sûrs d'être passionnés. Alors les heures supplémentaires deviennent superflues et la mentalité de fonctionnaire «  à 17h, on arrête ! » n'a plus lieu d'exister. Ce sujet absorbe complètement l'Europe et les Etats-Unis. Les livres traitant des nouvelles structures de travail sont devenus la tendance. Le vieux temps de la retraite à 65 ans, inventé par Bismarck, est finalement en train d'être démantelé et réaligné sur les changements démographiques, dont l'observance excessive n'aidera probablement pas à la construction d'une qualité de vie. Car l'Objectif de vie devrait être le seul guide, sans aucune date d'expiration pour limiter notre performance.

Où en serions-nous, dans une société au pronostic vieillissant, si les gens de plus de 60 ans rouillaient sur place au lieu de concocter un savant mélange de leur expérience de vie et de leur savoir professionnel pour en faire un élixir de puissance ?

## Passer de 65 à 100 ans

Pour les personnes qui trouvent une satisfaction et un sens de réalisation dans leur travail, la motivation à agir ne s'arrête pas à 65 ans. Cette limite est une relique de l'avant-dernier siècle, à une époque où le bruit, la crasse, la monotonie et la fatigue forçaient les gens à vieillir prématurément. Le cadre des conditions de travail a changé, il y a plusieurs décennies. La technologie moderne et une conscience accrue des dangers permettent de nos jours l'apparition de nouveaux standards de santé. Travailler plus longtemps, c'est possible. L'apprentissage tout au long de sa vie est la formule magique pour affronter des tâches nouvelles et pour avoir la souplesse qui accompagne les exigences nouvelles du marché et de l'époque. Aujourd'hui, plus personne n'a la garantie d'un emploi de la fin de ses études jusqu'à l'heure de sa retraite ; et c'est une bonne chose, car le choix signifie la liberté. Grâce à la recherche interdisciplinaire et à l'hygiène, les gens de l'hémisphère occidental vivent de plus en plus longtemps, à tel point que le Président de l'Allemagne s'est trouvé obligé de féliciter 68.104 de ses concitoyens qui avaient dépassé l'âge de 100 ans, en leur envoyant chacun une carte postale.

Les centenaires ne sont plus une exception dans notre société. Les personnes âgées restent alertes et en pleine forme plus longtemps. Elles veulent prendre part au débat sur le thème de la construction de l'avenir, en transmettant leur expérience de vie. Voilà un formidable réservoir de sagesse et d'esprit de notre temps, auquel les générations suivantes pourront puiser. Nous avons besoin, dans notre société, d'un subtil mélange de neuf et d'ancien, s'inspirant mutuellement. Et l'apprentissage permanent permet d'obtenir en toile de fond une qualité particulière : en effet, des proverbes éculés tels que « On n'apprend pas à un vieux singe à faire la grimace » ont été réfutés sur le plan scientifique et ne peuvent plus être entretenus dans une perspective sociale. Au contraire, le proverbe devrait maintenant être : « On peut apprendre à un vieux singe à faire de nouvelles grimaces ». Les temps changent, les idées aussi.

## Arrêtez de vous plaindre : bougez !

La transformation démographique dissimule un énorme potentiel en expérience. Nous sommes bien partis pour reconnaître et exploiter ce fait. Et je me lance dans une prédiction pour l'avenir : l'Europe va réussir à émerger de la crise financière (qui est simplement une crise bancaire) en tant que zone forte. Car la Crise, selon moi, est une occasion de réfléchir à ce qu'il est nécessaire de faire afin que nous puissions réaliser de la croissance tous ensembles. C'est à la fois une lourde tâche et une opportunité. Cela va influencer l'ensemble de la planète Terre, même si la population du vieux continent ne représentera que 8% de l'ensemble de la population mondiale.

Afin de maîtriser cette crise en Europe, trois conditions doivent être réunies. On doit apprécier la diversité des cultures et des langues, la démocratie doit être appliquée et la gamme entière des modèles artistiques et des modèles d'entreprises doit être utilisée. Réfléchissez à tous les plus grands penseurs du Siècle des Lumières comme Descartes ou Humboldt , réfléchissez aux ébauches initiales de démocratie qui ont surgi de l'Angleterre, pensez à des artistes comme Durer, Beethoven, Goethe, Rodin, Picasso, Benys, pensez aux puissantes familles d'affaires qui ont combiné tradition et innovation, et pensez à notre culture européenne de dotations.

Si les nations d'Europe grandissent ensemble, si l'Europe se comporte comme un partenaire fiable et met toujours en exergue sa philosophie de la liberté en tant que mission essentielle, alors un avenir florissant est assuré. Aucune autre région du monde ne possède une paix aussi durable, ni ne possède une aussi grande compréhension de la démocratie. Mais c'est une denrée fragile : c'est ce qu'est en train de montrer la Droite en Hongrie en ce moment. A mon avis, les 27 pays de la CEE doivent exercer une coordination plus étroite, agir de concert et concevoir une idée de l'avenir impliquant leurs citoyens plutôt que de les laisser dans l'incertitude. L'Europe a vraiment besoin de programmes pour l'Education, la Santé, le Bonheur et, par-dessus tout, de programmes pour la plus grande liberté économique possible, au-delà des mesures et des règles restrictives. Le professeur Manfred Spitzer, spécialiste de recherche en neuro-anatomie, résume ainsi cette idée : « Si nous ne changeons pas l'Europe, nous allons bientôt devenir des fabricants de T-shirts pour la Chine. »

## Le bonheur en tant que droit primordial

Les hommes politiques ne sont pas les seuls responsables du succès de ce grand projet qu'est l'Europe, nous sommes tous individuellement responsables et nous devons tous contribuer à son succès. Chacun devrait se poser la question : « Que pouvons-nous faire pour la politique dans notre pays ? ». Tout comme John F.KENNEDY l'a dit un jour : « Ne gardez pas les mains oisives en attendant qu'une aide vienne d'en haut, prenez plutôt votre vie en mains et osez, pourquoi pas, regarder au dehors de votre jardin, pour voir comment vos voisins s'en sortent. » Toute personne qui vit dans le bonheur et la joie, qui reste fidèle à ses propres capacités et ses propres opinions, se rendra service ainsi qu'aux autres. Ce n'est pas l'argent, mais plutôt le bonheur personnel, qui doit être ici le moteur. Je connais des hommes qui roulent dans des limousines luxueuses ; quand je leur demande pourquoi leur voiture est si chère, ils me répondent : « C'est le symbole de mon statut social.». Pourtant je trouve que le prix à payer est trop élevé car il impose des restrictions en terme d'actions et donc des restrictions en terme de liberté personnelle. Notre tête doit rester libre, afin de réaliser des tâches réellement épanouissantes, qui sont les véritables opportunités de la vie.

Nous connaissons tous de grands modèles qui ont atteint le sommet, comme par exemple Paul McCartney. Il a la musique dans le sang et il n'aurait jamais imaginé faire autre chose. Avec ou sans les Beatles, en tant que compositeur et musicien soliste, il a tout entrepris avec passion. Aujourd'hui, il est le musicien qui a le plus réussi de tous les temps. Je suis convaincu que chaque individu possède une force inhérente, qui s'obstine à laisser ses empreintes derrière elle-même si l'argent n'est pas la question, surtout s'il est disponible en grande quantité. La richesse n'a jamais empêché Paul McCartney de faire de la musique, ni un Mickael Schumacher de faire des courses de formule 1. Le fait de découvrir, développer et vivre cette force, ne doit jamais être sacrifié aux exigences des autres : certainement pas dans sa profession, et plus tôt encore, à l'école. La courte fable intitulée « L'école de la Vie » illustre bien ce sujet :

*Il était une fois l'histoire d'animaux qui avaient construit leur propre école. Les matières enseignées étaient la course, l'escalade, le vol et la natation et tous les animaux devaient apprendre chacune de ces matières. Le canard était bon à la nage et il était meilleur que son professeur. Il était moyen en vol, mais particulièrement désespérant à la course. Parce qu'il avait de mauvaises notes à la course, on l'obligeait à rester en retenue et de manquer les cours de natation afin de s'entrainer à la course. Le canard s'entraina si longtemps qu'il devint moyen en natation. Les notes moyennes étaient acceptées, donc personne n'avait de problème avec cela, hormis le canard. L'aigle était réputé élève difficile. Il battait tous les autres à l'escalade et arrivait toujours premier en haut de l'arbre. Mais l'aigle était discipliné, strict et rigoureux, et il insistait à utiliser sa propre méthode. Le lapin, lui, avait démarré les cours en tant que 1er de la classe à la course. Mais il fit une dépression nerveuse à cause de tous les cours supplémentaires de rattrapage en natation et il dût quitter l'école. A la fin de l'année scolaire, une anguille un peu particulière qui nageait bien, courait un peu, escaladait un petit peu et qui volait même un tout petit peu, arriva en 1ère position, major de sa promotion.*

(Extrait de : « L'école pour les animaux» de Georges H.Reavis)

Je ne trouve rien de plus mortel que de perdre le sens de ses propres capacités. Le jour du Winspiration Day de 2005 à Berlin, j'ai relaté un incident qui s'était produit à San Francisco.

*J'étais assis dans un petit café sur le port et je me détendais en observant les pêcheurs. L'un d'entre eux avait remarqué que j'étais complètement absorbé par le spectacle et se mit à me parler : « Les pélicans sont pratiquement en voie d'extinction ». J'ai sursauté comme quelqu'un qu'on avait tiré de sa rêverie et je me mis à regarder ce vieil homme avec attention. Il a levé le bras pour attirer mon regard en direction de l'océan. « Nous sortons en mer de moins en moins souvent car cela ne vaut plus le coût. C'est presque la fin des pélicans. Parce qu'ils mangeaient les intestins des poissons qu'on rejetait à la mer pour eux. A un certain moment ils ont oublié comment s'occuper d'eux-mêmes : ils ne pouvaient tout simplement plus le faire. Ils sont devenus plus faibles et plus maigres. Nous étions très inquiets, jusqu'à ce que l'un d'entre nous eût l'idée d'aller chercher un pélican qui vivait très très loin d'ici. Un pélican qui savait encore comment les choses étaient sensées marcher. » Le vieil homme retira sa casquette et la tordit entre ses doigts. Les traits de son visage s'adoucirent. « Vous imaginez ? On est allé chercher un pélican de l'autre bout de la côte ! Il est en fait devenu un exemple pour nos pélicans qui avaient oublié comment pêcher. C'est comme si ce pélican avait réveillé d'un baiser ce qui restait endormi chez les autres pélicans. » Il s'éclaircit la voix et murmura, car l'histoire l'avait ému : « Depuis ce jour, nous savons ceci : tout le monde a sa place dans la nature. Et tout le monde a ses propres capaci-*

tés. On ne peut pas supprimer ce fait. » J'ai posé ma main sur son épaule et je lui ai répondu, car j'étais profondément touché : « Merci. Merci beaucoup pour cette merveilleuse histoire.

## La dignité humaine

Tout comme dans la fable où le canard est le meilleur nageur et où l'aigle vole le plus haut, les gens eux aussi ont des aptitudes et des talents différents. Pour chaque individu, c'est un travail à long terme d'arriver à les promouvoir. La performance athlétique de haut niveau n'est possible que grâce à l'entrainement et au peaufinage de forces particulières, ainsi qu'à l'endurance et à la visualisation d'un objectif spécifique. Il suffit d'un programme individuel pour renforcer nos aptitudes physiques et pour éclairer la vie de la société dans son ensemble.

Les enseignants, ainsi que les professeurs et plus tard les employeurs, doivent aussi avoir cette conscience. Ce ne sont pas les boni qui doivent inciter à la performance. Des études montrent que le risque de crise cardiaque augmente en fonction de l'insatisfaction au travail. Les gens ressentent les tâches qui ne leur correspondent pas comme un facteur majeur de stress : au fil des années, les gens se détruisent. Et l'expression à la mode « équilibre entre temps de travail et vie privée » ne change rien à cette situation.

Il n'existe aucune compensation au sentiment étouffant d'accomplir des tâches qui ne sont pas en concordance avec notre propre destination dans la vie. Néanmoins, les entreprises croient qu'elles peuvent maintenir le moral de leurs employés avec des slogans attirants. Elles formulent des directives du type « Nous garantissons à nos employés un équilibre vie privée

- temps de travail » ou encore « Nous formons et encourageons nos employés ». Mais de telles phrases n'ont aucun impact si elles ne sont que simplement écrites. Seules les actions amènent du succès ; les entreprises doivent soigneusement observer ce qui motive leurs salariés. Tout individu devrait être capable de formuler ce qu'il ou elle attend de son travail afin de déployer ses talents en conséquence.

Nous n'avons pas besoin d'égalité : nous avons besoin de différents talents pour une variété de tâches. Nous avons besoin de notre vision personnelle de la vie, de notre objectif de vie, afin de faire de notre profession une vocation, afin de créer le chantier de notre vie à partir de notre routine quotidienne.

Mais comment les gens découvrent-ils leur but dans la vie ? La graine est plantée dès l'enfance : à partir de là, elle peut germer et fleurir. Et avec beaucoup de chance, un enfant bénéficiera d'une supervision aimante, d'une confiance mutuelle et des paroles de ses parents et enseignants : « Tu es bien comme tu es. Mais n'arrête jamais de faire les efforts pour réaliser le meilleur. Apprends avec discipline ; atteins tes objectifs. Je t'aiderai, si tu le souhaites. »

Je pense que ceci est l'interprétation de l'article 1 des Droits de l'Homme : « La dignité humaine est inaliénable ». Se hisser à la hauteur de son propre potentiel, sans se fatiguer, afin d'obtenir le meilleur de soi-même : c'est la meilleure protection contre la souffrance, la dépression et le burn-out. C'est aussi la méthode de choix pour se protéger du manque d'autonomie. Tout le monde néanmoins devrait connaître ses propres limites, afin de ne pas s'égarer et se protéger de buts artificiels.

## Sonner comme Ringelnatz

Pendant la puberté, les enfants veulent se fixer des limites, veulent apprendre qui ils sont et ce qu'ils désirent. Pourtant, l'école exige la conformité en ce qui concerne la classe, les règlements et surtout le programme d'études.

A l'âge de 14 ans, je trouvais ridicule de devoir réciter les vers de Ringelnatz, dont le rythme claquant occultait le contenu poétique. Je trouvais superflu de me lever en classe pour réciter des vers de Christian Morgenstern. Comment pouvais-je savoir ce qu'il pensait d'Emma la mouette quand il composait son poème ? Je ne voulais pas l'interpréter ; je n'en voyais pas le sens. Il a admis lui-même avoir écrit cette absurdité uniquement pour la rime. Son poème sur la belette dit ceci : « Une belette s'était assise sur un burin au milieu de la bruine du torrent. Savez-vous pourquoi ? Le veau sur la lune me l'a dit quand tout était calme : l'animal raffiné l'avait fait pour la rime. » . Vous comprenez quelque chose?

Je voulais avoir de la compagnie, de la stimulation et des idées pour découvrir mon égo. J'étais donc considéré comme un grincheux et un fauteur de troubles. Je me suis mis à l'écart. Je me revois, un jour, debout en haut des marches de l'escalier de l'école.

*La cloche avait sonné. Et avant d'avoir pu descendre les marches (je ne sautais jamais aucune marche, puisque je n'étais pas pressé d'aller en classe), des centaines d'élèves venaient vers moi en courant, en parlant, en riant ou en silence. Ils avançaient tous vers moi et l'individuel s'est fondu dans la foule. Ils descendaient tous l'escalier en courant au même rythme. Je me suis dit : « Si l'un d'entre eux venait à manquer, on ne le remarquerait même pas». Cette pensée m'a rendu triste et, en même temps, je réalisais : « Je ne veux pas marcher au pas. Je veux autre chose, quelque chose qui sorte de l'ordinaire et qui n'appartienne qu'à moi, qui ait du sens pour moi.*

Maintenant je le sais, j'étais à la recherche de ma chose bien à moi, j'étais à la recherche de mon but dans la vie. Les enseignants, néanmoins, ne voient pas cela, même encore aujourd'hui.

Cela m'a pris des années avant de pouvoir trouver ma destination en tant que mentor. Comme pour beaucoup de jeunes, je n'avais aucune idée claire quant à la direction que prendrait ma recherche. Il y a eu des détours, car je n'avais pas le courage de trouver mon chemin par moi-même. Donc j'ai déambulé le long des larges avenues : j'ai fait ce que mes parents aimaient et ce que mes amis choisissaient. Au départ, j'ai étudié l'ingénierie électrique. Je vous en dirai plus à ce sujet par la suite.

Les jeunes gens, au seuil du monde professionnel, manquent d'orientation. C'est super de connaitre dès l'âge de 18-20 ans où vous mènera votre voyage professionnel. Je suis devenu avocat et entrepreneur. Je suis devenu riche et j'ai parcouru toute l'Europe en jet privé. Pendant tous ces vols, je n'ai pas trouvé le bonheur. Mon âme était triste et malade ; j'ai sombré dans la dépression à cause de la petite étincelle de mon enfance - celle qui m'avait fait refuser de réciter les vers de Morgenstern et de me conformer au fatras de l'éducation scolaire - cette petite étincelle n'avait jamais cessé de couver.

Mais, en même temps, ce fut une chance pour moi. J'ai réalisé, dans ma tristesse, que le fait de se plaindre était inutile. Se plaindre équivaut à rester là, immobile et, dans le pire des scénarios, cela signifie l'inconscience.

J'avais besoin de me mettre à bouger pour réaliser les 3 objectifs majeurs de ma vie, qui sont en tous points identiques à ceux des 7 milliards de gens sur cette Terre : être en bonne santé, être heureux et être financièrement indépendant. J'ai réalisé que pendant longtemps, je n'avais dirigé mon attention que sur le 3ème souhait - j'avais mis sur le même pied d'égalité mon bonheur et ma richesse monétaire. Les 2 autres composantes, la santé et le bonheur, avaient disparu et ma vision de la vie avait été drainée de toutes ses couleurs. Depuis ce jour, je suis devenu convaincu que l'instinct de survie chez l'homme est une force si gigantesque que n'importe qui peut se sortir tout seul d'une crise. Ce sentiment m'a sauvé. A un certain moment, j'ai fait une séance de remue-méninges (de brainstorming) qui a soudainement transformé mon monde intérieur. Souvent les adultes, quand ils sont déprimés, se mettent à revoir les lieux de leur enfance. Ils veulent se rappeler la force de leurs jeunes années, ils veulent ressentir cette sensation que l'avenir et le monde sont à leurs pieds. J'ai fait cela moi aussi. Au point le plus bas de ma crise d'identité, j'ai roulé jusqu'à Berlin...

*Où pourrais-je mettre mon esprit et mes pensées au repos ? Où pourrais-je réveiller ma joie envers l'avenir ? Alors que je me baladais dans les rues de Berlin, je fus étonné par la hâte des passants et par leurs pas irréfléchis, et je fus attiré dans la direction de l'Université et sa cafétéria. Le choc bruyant des assiettes entre elles, les chaises qui crissaient sur le sol, les rires et les discussions des étudiants m'assaillirent et je me suis retrouvé dans cette même vieille pièce, faite de ciment et d'acier, dont les sons et les odeurs restaient identiques malgré les années. Le temps semblait s'être arrêté. Les étudiants prenaient leur déjeuner en parlant la bouche pleine. Je me suis assis à une table et, tout de suite, je me suis mis à les écouter.*

*« C'est fini, je m'en vais ! ». La phrase était dite avec un ton résolu et elle déclencha une discussion véhémente à la table d'à côté. « Tu es fou ! Si près du but ? Dans un an, tu passes l'examen d'Etat ! ».Les étudiants alentour avaient les yeux écarquillés. « Mais alors, qu'est-ce que tu veux faire ?». « J'y ai beaucoup réfléchi, je ne veux pas devenir avocat. Je ne veux pas démarrer des conflits et je ne veux pas en régler non plus. Je ne veux pas rentrer dans l'arène des combats et régler ce que d'autres ont déclenché. Ce n'est pas comme ça que je veux gagner de l'argent.». « Dis-moi, tu y as pensé bien à l'avance ! Alors qu'est-ce que tu veux ? » « Je veux rester à la maison et être là pour m'occuper de notre bébé ». Étonnement silencieux du public. Et, durant cette pause, le jeune homme qui était sur le point d'arrêter sa carrière avant de l'avoir commencée, ajouta ce commentaire : « Ma femme et moi l'avons décidé conjointement. Je serai l'homme au foyer et je la soutiendrai. Elle va travailler dans des zones de crise en tant que reporter » Et, là, je me suis retourné de manière impolie car j'étais devenu très curieux, et j'ai regardé dans les yeux ce futur échec d'Université et futur homme au foyer et je l'ai félicité spontanément pour sa clarté de vue et pour son courage. Et en fait, je faisais ce geste à mon attention. »*

*Car c'est moi, et moi seul, qui peut donner un sens à ma vie : ce ne sont ni les docteurs, ni les psychologues, ni les partenaires de discussion, ni les amis qui peuvent le faire. Il n'y a que nous, en notre for intérieur, qui pouvons découvrir ce qui est essentiel pour notre vie.*

*La petite flamme du passé s'est de nouveau rallumée. Je ne pouvais plus ignorer que je voulais vivre ma capacité spéciale, ma force. Je désirais travailler avec des gens et les aider à dé-*

*couvrir leurs propres capacités, en devenant leur coach et leur mentor. J'étais finalement capable de dire en une phrase ce que j'entendais à l'intérieur : « Quitte ton boulot. Termine avec cette carrière qui t'apporte de l'argent, beaucoup d'argent, qui te permet d'avoir un jet privé, un yacht et une vie de luxe. Sois radical au sommet de ta carrière et jette par-dessus bord tout ce qui t'alourdit et qui te rend triste ».*

*Je l'ai fait. Et même si quelqu'un m'avait dit que je vivoterai jusqu'à la fin de mes jours grâce à mon assurance chômage, cela ne m'aurait pas arrêté. Pendant trop longtemps, je m'étais battu en tant qu'avocat pour mes clients, pendant trop longtemps j'avais oublié le but de ma vie.*

*Et, alors que je prenais cette décision, des idées nouvelles se sont enflammées en moi et cela m'a fait du bien : je me suis mis à sourire pour la 1ère fois depuis longtemps. Je n'ai pas souri du bout des lèvres, c'était tout mon cœur qui souriait : cela me semblait juste ! Et peut-être que les autres, les passants dans les rues de Berlin, l'ont remarqué eux aussi. Ils ne me paraissaient plus aussi agités : au contraire, ils me regardaient dans les yeux et, par moments, nous nous faisions un petit signe de la tête, en nous croisant. Même les enfants qui tenaient la main de leur mère semblaient touchés par le charme.*

Je voulais travailler avec des gens, leur donner une idée pour leur vie, au-delà du Ringelnatz de l'école et au-delà des conseils prodigués par leurs parents et leurs proches, souvent des personnes qui vivaient grâce à la Sécurité Sociale et qui devenaient plus tard des Hartz 4. (Avantages sociaux pour les chômeurs de longue durée en Allemagne).

Donc j'ai choisi l'autre chemin. La décision prise suivait la devise « Il y a de la vie avant la mort». Le bestseller de Bronnie Ware : « Les 5 choses que les mourants regrettent » montre à quel point cette idée est pertinente de nos jours. L'auteure a touché une corde sensible avec son livre : la peur de perdre la vie est ubiquitaire. A la fin de leur vie, les gens qui n'ont pas vécu selon leur destination regrettent chaque seconde qu'ils ont perdue : « J'aurais été heureux si j'avais eu le courage de vivre ma propre vie au lieu de m'être laissé guider par les attentes que les autres avaient pour moi » ou « J'aurais dû m'accorder plus de bonheur et de satisfaction ».

Ce type de remords peut être évité à la condition de réfléchir chaque jour à notre but dans la vie et, de plus, de le faire de manière focalisée, une fois par an. Si nous combinons nos forces avec celles des autres, nous élevons notre énergie de façon exponentielle. Une vision du Bonheur peut être créée ce jour de l'année, le 7 mai, avec des individus proches les uns des autres, sur de grandes scènes, avec des programmes impressionnants, ou encore dans des lieux plus petits, des salons, par exemple, à la maison, tous ayant un but commun : celui d'un avenir épanouissant. Ce rêve se réalise quand on croit que : « Le Meilleur Reste à Venir ».

# L'Index de Développement Humain :
# Un Accord à 4 Notes : Éducation,
# Santé, Bonheur et Argent

Le peuple du Bangladesh souffre à cause des catastrophes naturelles et de la déforestation perpétrée dans l'Himalaya. Les arbres qui autrefois régulaient les masses d'eau du Gange et des rivières Meghna et Brahmapoutre n'existent plus. Les pays riches ont besoin de bois : ils le brûlent et le conditionnent. Depuis lors, le Delta de Dhaka est inondé : les récoltes sont détruites et, parfois, même les habitations et les possessions matérielles.

Le pays souffre des changements climatiques. L'hémisphère Nord se propulse joyeusement et avec insouciance dans une course au meilleur Produit National Brut. Mais le Bangladesh ne peut pas courir.

La pauvreté est une force paralysante ; on manque d'hygiène et de nutrition. Les petits enfants travaillent dur plutôt que d'aller à l'école. L'avenir des filles paraît identique à celui de leur mère : elles doivent obéir. Et si elles osent rêver à quelque chose de différent que la réalité du travail et de l'obéissance, les conséquences sont graves pour elles. On rapporte des attaques à l'acide chlorhydrique de la part de maris rejetés, ainsi que des soi-disant « crimes d'honneur » depuis que des fondamentalistes ont instillé ces comportements dans la population. Ceci est très intimidant. Des hommes et des femmes qui n'ont jamais appris à se défendre contre le despotisme ne peuvent avoir confiance et croire dans le changement : ils manquent d'éducation et de courage. Les taux d'illettrisme dans les campagnes avoisinent les 90%. La mortalité infantile est de 97 pour mille naissances. C'est en 1990 que, pour la première fois, les Nations Unies ont édité leur « Rapport sur le Développement Humain ». Un économiste du sud asiatique en a établi les critères. C'est quelqu'un qui connaissait les conditions locales et qui savait ceci : un pays ne peut accomplir son changement que s'il contribue au bonheur de ses citoyens. Mohammad Ul Haq a dirigé sa recherche autour du Développement Humain et sa cible en Asie du Sud était le Bangladesh.

## *La vision*

Ul Haq avait un objectif : il voulait être capable de comparer le développement des différents pays. Il doutait fortement que la somme de tous les produits et services puisse être la bonne base de travail. Il ne trouvait pas que les statistiques étaient morales, parce que ces résultats annuels combinaient des déclarations de pauvre qualité, telles que des histoires de maladies, de catastrophes et de coups du sort.

Avec son ami Indien Amartya Sen et d'autres collègues, il a mis au point une formule pour mesurer le bonheur humain. Cette formule est compliquée et elle contient des valeurs qui déterminent des congruences. Car une action fait suite à chaque intention et chaque action a une conséquence en elle-même et sur d'autres éléments. Cette formule comprend des coordonnées, des valeurs-seuil et des lignes sur lesquelles des indices sont multipliés, divisés et refondus avec d'autres. C'est la théorie, l'équation mathématique du bonheur, celle que l'on peut trouver dans le rapport des Nations Unies, le « Rapport sur le Développement Humain ». Il se compose des valeurs d'Éducation, de Santé, de Nutrition, d'Hygiène et d'Espérance de Vie.

## Des opportunités de développement

En 2013, le rapport parait pour la 23ème fois. Il concentre une lentille brûlante sur le devoir des gouvernements de promouvoir le développement, de favoriser l'éducation, de garantir le commerce et l'innovation et de sauvegarder les Droits de l'Homme. Et ce rapport dirige encore sa cible sur les citoyens qui souhaitent déterminer leur propre vie.

En se basant sur ces rapports, nous pouvons dire que les gens sont plus heureux quand ils participent à la discussion, à la détermination et à la prise de décision globale. Nous apprenons quel effet apaisant le Bien-être social peut avoir sur les crises personnelles telles que le chômage ou l'invalidité. Une aide à court terme incite les gens à se relever d'une crise, à retrousser leurs manches et à démarrer quelque chose de nouveau. Les gens veulent une égalité des chances. L'Inde a reconnu ce fait quand elle a voté un décret ordonnant que 25% des places de choix dans les écoles privées soient assignés aux enfants vivant dans un milieu vulnérable et défavorisé.

Le Bangladesh aussi l'a reconnu, en mettant en route des programmes pour renforcer le rôle des femmes dans la société. Aujourd'hui, les chiffres sur les tables et les colonnes des graphiques montrent un résultat complètement différent de celui de 1990 : la mortalité infantile diminue, le taux d'illettrisme chute. Des femmes travaillent dans l'artisanat et l'industrie. Les

gens s'organisent par eux-mêmes, en groupes. Ils sont enca-
drés par des ONG (organisations non gouvernementales), ils
s'éduquent eux-mêmes en nutrition, en santé et en hygiène. Ils
osent même s'aventurer dans l'indépendance, car ils sont soute-
nus par Muhammad Yunus et son programme de micro crédit de
la Banque Grameen.

Les pays émergeants, comme le Brésil et l'Inde, entreprennent
des développements similaires. En collaboration avec la Chine, ils
vont représenter d'ici à 2050, selon le rapport, approximativement
40% de la production mondiale.

Vous n'avez pas besoin d'être clairvoyant pour savoir que ces
données vont continuer de changer. Alors que l'Angleterre fut
à une époque une puissance mondiale, cet ancien leader de
l'industrialisation est aujourd'hui silencieux. Rolls Royce et Jagu-
ar sont aujourd'hui la propriété de familles indiennes. Les iPod et
les iPad ont démarré leur histoire de succès aux USA et sont fab-
riqués aujourd'hui massivement par la Chine.

Ceci prouve une chose : nous vivons tous ensemble sur la Terre. L'auteur brésilien Paulo Coelho est l'un des écrivains les plus
populaires au monde et ses écrits ne sont pas seulement littéraires, ils sont aussi politiques. Ils donnent de la substance et ils
apportent des preuves à l'appui de la déclaration de l'Index du
Développement Humain : « En définitive, tout est une question
de partage. Et selon moi, ceci fait partie de la nature humaine.
Nous ne donnons pas simplement de l'argent - notre but, c'est
l'indépendance - et nous recevons énormément en retour ».

## Les relations

Le Nord et le Sud se rapprochent - et ce fait recèle de merveilleuses opportunités. Le meilleur reste à venir, dès que les gens auront compris que le profit seul ne peut être mis en avant et qu'il faut inclure un accord en 4 notes : d'éducation et de santé, de bonheur et d'argent. Ul Haq en parle avec intelligence : « Les gens dans le monde entier s'unissent dans un effort commun : ils veulent participer activement et librement à des évènements et des activités qui façonnent leur vie. ». Ceci sous-entend que les hommes politiques devront dresser le cadre de la participation du peuple de manière large et généreuse et que, de son côté, le peuple soit prêt à assumer sa propre responsabilité : assumer sa propre responsabilité pour soi et sa famille. Il ne s'agit pas de s'asseoir sagement les mains sur les genoux.

Je ne considère pas qu'un maire qui saute d'un parti politique à un autre, qui commente d'un simple mouvement d'épaule le gaspillage de milliards d'euros dans la construction du nouvel aéroport de Berlin et qui, quand les difficultés surgissent, échange son poste au Conseil d'Administration avec son 1er adjoint, prend son travail au sérieux. La responsabilité politique ne consiste pas en un tour de passe-passe, mais en une honnête confession en termes clairs, telle que : « Ce fut une erreur, je m'excuse ».

La riche Europe du Nord est inquiète. Plus que l'incertitude à tous les niveaux, plus que le doute envers la monnaie Euro, nous avons besoin du courage de persévérer et d'avoir des programmes qui placent les talents des gens en première ligne. Sinon nous courons le risque de voir apparaitre une spirale descendante créée par la peur : alors les entreprises licencient leur personnel, alors les familles se passent de la consommation, de l'éducation et des sports. Alors on achète de la nourriture parce qu'elle est bon marché et alors la santé commence à décliner. Le Nord riche et généreux montre de petites craquelures à sa surface. La formule du bonheur peut aussi être un sismographe qui enregistre les petits changements descendants.

## La responsabilité

Réfléchissons un peu à notre capacité à persévérer et à trouver des solutions créatives. Exploitons des opportunités pour continuer notre spirale ascendante. Je trouve fascinant de voir l'évolution des développements, une fois que les pensées de catastrophe ne sont plus le sujet d'attention, mais qu'au contraire existe une croyance en la croissance qualitative et en la richesse qualitative. Ceci est encore une idée provenant des journées Winspiration Day. Les pensées positives pour l'avenir ont un plus grand impact que les déclarations alarmistes de fin du Monde. Pour tout objectif, il existe toujours 2 perspectives. Et je préfère clairement la positive, la vision du bonheur. La vie, c'est le changement. Tout ce qui n'est pas la vie, c'est l'immobilité. Dotés d'une attitude responsable envers les changements que l'avenir nous réserve, nous pouvons régler des problèmes, nous pouvons créer des formes libres et modernes de travail, et nous pouvons nous raisonner par rapport à une vision hypercritique de l'innovation et des nouvelles technologies. Un proverbe africain dit : « Si on joue une musique différente, alors une nouvelle danse apparait aussi ».

## Un niveau plus élevé

Se concentrer sur ce qui compte vraiment, c'est cela que j'appelle
« Vivre avec du sens ». La conscience de posséder des talents
spéciaux devrait démarrer tôt, si possible dès l'enfance. Un enfant
de 2 ans ressent son égo pour la première fois avec la sensation
qu'il possède du charisme. Ses parents, qui vont le reconnaitre
et le renforcer d'une main gentille, sont en train d'accomplir une
chose merveilleuse : ils encouragent leur enfant à ressentir de la
joie. Ils rient ensemble. Et ils autorisent la tristesse - ils ne font pas
que l'effacer avec des mots apaisants. La consolation est bien in-
tentionnée, mais si on l'exprime trop tôt, on empêche les enfants
de prendre leurs états d'âme au sérieux. Les bons parents le montrent ainsi : « Nous voyons que tu es triste et nous sommes avec
toi. » Ainsi, l'enfant peut choisir quel niveau d'intensité et pendant
combien de temps il pourra laisser sa tristesse s'exprimer. Il est
toujours conscient qu'il est quelqu'un de bien, quels que soient
ses sentiments.

Un enfant peut se découvrir grâce à son image de soi. Il peut apprendre, quand il est très jeune, qu'il doit prendre ses intentions
au sérieux. Il peut s'attendre à des éloges, plutôt qu'à du mépris
en ce qui concerne ses actions. Il grandit fermement en compétences sociales et en empathie. Les enfants qui sont élevés d'une
manière aussi intelligente n'ont pas besoin de mal se conduire en
classe ; et de plus ils ne finiront pas à l'Aide Sociale quand ils seront adultes. Ils vont toujours entretenir dans la vie une confiance
en eux même dans les situations difficiles. Les gens ne sont pas
nés pour être pris en charge par le gouvernement ou par des entreprises : ils sont nés pour contribuer à leur but dans la vie et

pour concevoir la vision de leur avenir. Ils veulent faire partie d'un groupe, reconnaître des valeurs et contribuer à la société de manière collective dans un climat moral de compréhension. Et leur exigence de bonheur est universelle, même si celle-ci peut se satisfaire de façons très différentes : dormir par terre est suffisant pour un moine - un travailleur social sera touché par une accolade reconnaissante - un entrepreneur sera fier d'être reconnu le meilleur employeur parmi des PME dans son secteur. Quels que puissent être les buts d'un individu, ceux-ci représentent toujours un effort pour accéder au bonheur.

Avec ce type d'approche, il n'est plus nécessaire de posséder des titres ou un rang ou un regard timide pour s'assurer de l'appréciation des autres : l'accumulation d'argent est vécue comme un facteur de stress qu'il faut surmonter. Il est évident que l'argent peut apporter de la joie et peut adoucir la lutte pour la survie. Mais dès que l'argent devient un but en soi, les choses vont de travers. Ce n'est plus alors une décision à prendre entre le bonheur et l'affluence, le but ou le profit : il s'agit alors de multiplier les 2 à un plus haut degré.

## Les valeurs

Comment peut-on mesurer le bonheur ? Les chercheurs dans ce domaine disent que ce n'est pas la course au profit ou les efforts d'efficience qui sont la clé, mais plutôt la connaissance de sa propre force, de la possibilité de changer les choses et de façonner positivement le Bien Général.

On peut mesurer le bonheur en se basant sur sa propre satisfaction et sur celle des autres. Le royaume du Bhutan a reconnu ce fait quand il a annoncé il y a de cela presque 30 ans qu'il présenterait un rapport annuel du Bonheur National Brut. Les employés du super ministère royal enquêtent chaque année sur la population de royaume. Un regard sur les résultats, qui sont toujours teintés de philosophie bouddhiste, pourrait fournir une prédiction aux politiciens et aux chefs d'entreprise des pays riches de ce monde. Peut-être que la famille Schlecker aurait ainsi pu comprendre plus tôt que l'on ne construit pas un empire basé sur l'avidité. Une entreprise ne peut réussir sur le long terme que si elle cultive une culture d'appréciation et de promotion de ses employés : tout le reste est faux et destiné à l'échec. Peut-être que les managers auraient appris plus tôt que ne tirer que son propre profit n'amène pas de profit à long terme, et ils auraient ainsi évité les restrictions légales sur les salaires. Et peut-être que la triste discussion sur le quota des femmes serait devenue obsolète, puisque la performance et l'implication ne peuvent se réduire à des nombres.

## La foi

Oui, je crois que le bonheur peut se mesurer. C'est pourquoi nous avons conçu, à l'Association Winspiration Day, un « formulaire du bonheur » et que nous avons demandé à nos membres de le remplir. Nous analysons les réponses et nous donnons un compte-rendu à chaque membre. Les critères de l'Index de Développement Humain sont la base du formulaire du bonheur. Nous souhaiterions y ajouter une facette : celle de la spiritualité personnelle. Celle-ci grandit en nous dès le jour de notre naissance.

Elle peut être une force dans les situations adverses et elle peut même nous empêcher de perdre notre courage de vivre après les coups du destin. Aung San Suu Kyi, combattante de la liberté en Birmanie, a passé plus de 20 ans assignée à résidence à cause du dictat imposé par la junte militaire birmane. Elle n'a pas permis que sa volonté soit brisée et elle a gardé la foi en un avenir meilleur. « Donnons-nous la main pour créer un monde pacifique, un monde dans lequel nous pouvons dormir en toute sécurité et nous réveiller pleins de joie ». Il existe des visions qui ne perdent jamais leur éclat.

## Les opportunités-crises sont des défis

En tant que moine, il enseigne la modestie. En tant que leader spirituel, il répand la parole de compassion. Il ne se lasse jamais de parler de l'approche de la Voie du Milieu, qui doit finalement conduire à la liberté religieuse, culturelle et linguistique du Tibet.

Les tibétains vivent sous le contrôle de la Chine depuis 1951. Et aucune voix de la communauté internationale n'a été capable de changer cela jusqu'à aujourd'hui. Le Dalaï Lama vit en exil. Il donne à son peuple du courage, grâce à sa foi en un retour à Lhassa. En 1989, il a reçu le Prix Nobel de la Paix pour sa philosophie du dialogue non violent. Depuis cet acte de respect, cet homme modeste est devenu un exemple pour beaucoup de gens qui se trouvent dans des situations désespérées. Quand, dans ses discours, le Dalaï Lama parle de la clarté de la pensée, de vivre ici et maintenant, des dizaines de milliers de personnes font le pèlerinage pour venir l'écouter et pour penser en silence. Ils espèrent découvrir le Sens de la Vie. « Trouvez le bonheur dans les petites

choses de la vie, les grandes choses viendront d'elles-mêmes»,
dit-il à ses auditeurs. On peut entendre, à travers son message,
de la confiance en soi et une saine dose de patience et même du
lâcher-prise et quiconque conserve cette phrase comme mantra
pourra guider ses pensées dans une direction plus positive. Parce
qu'il sera concentré sur le présent, sur les nombreux petits succès de chaque jour, sur le bonheur que l'on trouve à l'autre bout
de l'effort. Du Groenland à la Terre de Feu, dans le monde entier,
les gens veulent découvrir le secret du bonheur : peut-être sera-
t-il dévoilé par l'idée pure et parfaite que les gens vivent pour être
heureux.

## Le bonheur oublié

Le premier préalable au bonheur est la fin de la souffrance - c'est
un principe bouddhique. Si seulement c'était aussi facile ! Pour
beaucoup, la souffrance recommence tous les jours : ils se ren-
dent à un travail qu'ils apprécient à peine et c'est précisément le
nœud de l'histoire : ils n'aiment pas leur tâche. Ils se disent en eux-
mêmes : le salaire n'est pas suffisant et il n'y a pas d'alternative.

Ils sont néanmoins en train d'exploiter ce même système de profit – ils ne veulent pas le faire mais il n'y a rien d'autre à offrir. Est-ce
vraiment le cas ?

Il y a de nombreuses années, j'étais un jeune Allemand avec son
baccalauréat en poche et je me demandais comment j'allais gagner mon pain quotidien. J'ai demandé conseil à mes parents. J'ai,
de plus, regardé par-dessus l'épaule de mes camarades de classe pour voir ce qu'ils faisaient en termes d'éducation et d'études.

Deux d'entre eux avaient décidé d'étudier l'ingénierie électrique et avaient pris un stage de 3 mois chez Siemens : c'était alors obligatoire avant de démarrer ses études supérieures. Tout le monde me disait : « Ingénieur, ingénieur mon fils, deviens ingénieur : on en a toujours besoin ! ».

Par manque d'arguments et d'alternatives, j'ai postulé chez Siemens et j'ai démarré ma formation pratique. Aujourd'hui, on appellerait cela un programme de stagiaire. C'était parfaitement organisé et émaillé d'objectifs pédagogiques mais, à cette époque, le parcours pour devenir ingénieur de production passait directement par l'atelier : la théorie cédait le pas à la pratique. J'ai travaillé sur le tapis roulant dès les premiers jours en commençant ponctuellement à 6h30 du matin. Ma carte était tamponnée matin et soir. Entre temps, j'assemblais des signaux de chemin de fer. Je me sentais seul dans cette monotonie. Les ouvriers n'étaient pas très heureux d'être là – c'était mon impression. Ils essayaient de raccourcir les heures, ils trouvaient des passe-temps pour tromper l'horloge de présence en prenant leur douche dans les vestiaires plutôt que chez eux : cela comptait dans leur temps de travail et ils économisaient ainsi du temps de loisir. La conduite réservée de mes collègues à mon égard m'étonnait de plus en plus, jusqu'à ce qu'un stagiaire étudiant me révèle : « Ils sont toujours comme ça par ici. C'est normal. Ils ont peur que tu deviennes leur superviseur à la fin de ta formation. » J'en pris bonne note.

Est-ce à cela que ressemblait la vie professionnelle ? Tromper l'horloge de présence et mal se comporter entre collègues ?

Je regardais autour de moi et je ne voyais que leurs visages fatigués. Ils étaient coincés dans un job qui ne les épanouirait jamais. Quel gâchis ! L'homme qui ouvrait l'atelier le matin, qui mettait les machines en route et qui ainsi organisait notre cadre de travail, était en fait l'ingénieur technique. J'ai fini mon stage de 3 mois, pas un jour de plus. Mais je n'ai jamais oublié l'expérience d'un travail aussi ennuyeux.

Gagner de l'argent ne veut pas dire oublier de vivre. Au contraire, si leur travail devient une vocation, alors les gens s'épanouissent. « Travailler, c'est trouver le bonheur » : je trouve cette équation ainsi formulée extrêmement attirante. Je suis heureux de suivre la position des Nations Unies à ce sujet. Les Nations Unies s'efforcent de mesurer le facteur bonheur dans tous les pays, en plus des profits. L'Index de Développement Humain est l'unique instrument qui montre que les pays les plus satisfaits sont ceux dont la santé, l'éducation et la liberté individuelle de choix de vie ont les niveaux les plus élevés. Et cette intention a une résonance presque spirituelle. En accord avec les paroles du Dalaï Lama, chacune des 28.800 secondes d'une journée moyenne de travail devrait être considérée comme un trésor transitoire. Mais cette perspective de bonheur est tout de suite oubliée dès que l'avidité devient le facteur moteur. Et l'argent n'est jamais le But à atteindre.

Les hôpitaux, dont le système économique fonctionne par l'augmentation des subventions de l'Etat liées au volume d'opérations, arrivent à une conception absurde de l'individu. Si les étudiants en médecine se concentraient sur le fait de maintenir la santé plutôt qu'étudier la maladie, et ceci très tôt dans leurs études universitaires, eh bien le concept moral global serait différent. Alors le scalpel ne serait plus utilisé pour compenser les déficits administratifs et financiers, mais seulement pour sauver des vies. Les interventions chirurgicales ne deviendraient pas des sources de financement.

Le but éthique deviendrait : conseil, prévention et sélection d'options pour maintenir et assurer la santé à long terme. Il n'existe aucun sujet d'examen intitulé « Santé dans le système éducatif universitaire». Il devient nécessaire de développer une approche à 180 degrés de rotation. L'objectif d'un hôpital à vocation éthique élevée devrait être de rendre les opérations superflues.

## Les opportunités naissent de l'autodiscipline

J'aimerais clarifier cette pensée en me servant de la réponse apportée par M. Muhammad Yunus, Prix Nobel de la Paix.

Chaque année, entre 350.000 et 500.000 petits enfants deviennent aveugles dans les pays en voie de développement. Les médecins urgentistes allemands de l'Association Cap Anamur tirent la sonnette d'alarme. Le Bangladesh lui aussi souffre de ce fléau. Muhammad Yunus rend visite à de nombreuses famines en milieu rural. Il avait déjà reconnu très tôt le lien existant entre cette maladie de l'enfance et le niveau de pauvreté des familles. Il a donc développé son programme d'aide à s'aider soi-même. Il a fondé un institut de micro-crédit afin de distribuer de petites sommes d'argent à des personnes qui venaient le voir avec une idée d'entreprise, afin de pouvoir s'extraire de la pauvreté.

Yunus leur offre une opportunité qui parfois ne coûte que 27 dollars pour l'achat d'une batterie de cuisine. Par exemple, en faisant cela, il a sauvé un homme qui luttait pour sa survie : cet homme qui a bénéficié du micro-crédit a pu cuisiner des plats et les vendre au bord de la route. Les pauvres devraient être capables de se constituer un sentiment de valeur personnelle et de redécouvrir leur fierté, qu'ils ont perdue en mendiant, par le fait de travailler et de gagner leur propre argent.

Yunus s'est trouvé beaucoup d'imitateurs et a acquis un statut de reconnaissance internationale grâce à la Banque Grameen. Les journaux ne tarissent pas d'éloges sur ce type d'aide au développement et le Prix Nobel de la Paix a propulsé ce professeur d'Economie dans le cercle des experts mondialement réputés. Yunus a utilisé ses contacts quand le taux de cécité a commencé à flamber. Il a cherché dans le monde entier des informations d'experts afin d'en savoir plus sur les raisons de l'apparition de cette maladie oculaire dans son pays. Il lui a suffi de quelques lettres et de quelques discussions pour initier un projet de recherche financé par de grosses firmes pharmaceutiques. Ils ont, ensemble, très vite découvert que la raison est une déficience en Vitamine A. La nutrition à base de riz comporte trop d'hydrates de carbone et pas suffisamment de protéines et de vitamines. La cornée s'assouplit et se trouble : c'est ainsi que les jeunes enfants perdent la vue. Et de plus, la conjonctive s'assèche, affaiblissant ainsi le système immunitaire. Il n'existe aucun traitement pour les enfants qui deviennent aveugles à cause de ces erreurs nutritionnelles ; ils ne seront plus jamais capables de revoir un jour et aucune opération ne peut corriger cela. Très souvent ces enfants meurent avant d'atteindre l'âge de la scolarité.

Chaque membre de l'équipe s'est senti profondément concerné et désirait aider de façon directe et rapide, en offrant aux enfants des pilules contenant de la vitamine A. Cette démarche était censée se dérouler en dehors de toute bureaucratie et, en fait, sans aucune autorisation ni licence. Le consensus commun était qu'il leur faudrait lancer un projet sur plusieurs années. Yunus a refusé. A l'étonnement général, il répondit : « Je ne veux pas de ce type d'aide.» « Pourquoi pas ? Tu es bien connu au Bangladesh, les mères de famille te font confiance. Avec ton aide nous pourrions toucher les familles les plus pauvres des zones rurales et nous aurions l'autorisation de traiter leurs enfants ». Yunus secoua la tête : « Mais on peut faire en sorte que ces familles prennent leur pilule tous les jours. Pourquoi refuses-tu une aide aussi simple ? Ils seraient ainsi protégés contre les nouveaux cas de cécité ! ». Telles étaient les objections des chercheurs occidentaux.

L'entêtement du Professeur était incompréhensible. Mais Yunus n'était pas têtu : il était inquiet. Il regardait beaucoup plus loin dans l'avenir de son pays et il songeait à la dépendance des populations que ce projet allait créer. « Mesdames et Messieurs, ceci ne peut pas être la bonne solution. Il est souvent préférable de ne pas faire un simple pas en avant, mais plutôt de franchir en esprit plusieurs étapes additionnelles et de réfléchir aux conséquences. Nous ne voulons pas la charité. Nous voulons une bonne nutrition pour notre pays. ». Les sources de vitamine A se trouvent dans les carottes, les piments et les mangues. Muhammad Yunus proposa de cultiver tous les fruits et légumes contenant des caroténoïdes dans les villages : cela créerait des emplois et donnerait aux gens les tâches sensibles de semer et récolter, de vendre et de commercialiser. Cela apprendrait en outre aux familles comment fonctionne la nutrition et comment les chaînes alimentaires œuvrent pour garder les corps en bonne santé. « C'est seulement à ce niveau que se trouve la véritable assistance, parce que les gens comprennent alors la valeur de leur travail et ils voient la profonde satisfaction de maintenir la santé. C'est seulement quand nous changeons nos doctrines et quand nous remettons en cause nos comportements, en les adaptant régulièrement aux circonstances, que nous pouvons transformer les crises en opportunités ».

Depuis lors, le professeur d'économie a octroyé beaucoup de micro-crédits dans le secteur agricole et il a une ou deux bonnes histoires à raconter. Mais Yunus a réalisé beaucoup plus encore. La cécité infantile est connue dans le monde entier. L'empressement à aider augmente régulièrement... De nouveaux concepts sont introduits et testés. Pourquoi ? Parce que les paysans ne tendent pas la main et qu'ils sont en train de travailler. Leur confiance dans la promesse de construire un avenir meilleur pour leurs enfants se renforce pleinement.

User de sa propre initiative est contagieux : c'est beaucoup plus salutaire que l'aide imposée par une institution ou une autre, ou l'aide imposée par un gouvernement à un autre gouvernement. Les dépendances se développent trop facilement quand les besoins de l'individu ne sont pas suffisamment considérés. Peu importe combien les Organisations Non Gouvernementales (ONG) se concentrent sur l'être humain et son bien-être, il existe toujours un risque que les projets échouent parce que les donations sont inadéquates ou alors que les projets ne soient approuvés que pour la promesse d'un battage médiatique futur ou encore parce qu'ils accentuent une image particulière. Ce sentiment m'accable quand des institutions font la publicité de leurs activités en se présentant comme des sauveurs du Tiers Monde. Dans mon esprit, le Tiers Monde n'existe pas : qui était le premier monde, qui était le deuxième ? Ça n'existe pas ! Nous vivons ensemble sur cette magnifique planète Terre et nous avons la responsabilité de la protéger et de l'offrir intacte à nos enfants et petits-enfants. Je souhaite que chaque être humain découvre quelle puissance réside en lui, ce qu'il peut faire pour lui-même et pour le bien de la communauté. Les opportunités véritables n'apparaissent que dans une période de crise. Ceux qui ont déjà été au plus bas le savent : une petite lueur d'espoir est visible, même dans les jours les plus sombres. J'ai souvent vu avec quelle rapidité quelqu'un peut se relever à condition qu'il ou elle identifie sa force, de sa propre initiative ou avec l'aide des autres. Il existe des exemples de tels coups du sort qui nous touchent tous profondément : ils nous donnent du courage, ils nous jettent une ancre dans les moments difficiles. J'ai appris cela tout particulièrement en faisant du coaching avec les enfants : il suffit parfois d'une simple petite étincelle pour que quelqu'un soit capable d'apercevoir un avenir clair et radieux. Dès que le courage de vivre est de nouveau réveillé, dès que la prise de responsabilité pour sa propre efficience amène de la performance, alors les histoires de succès apparaissent. Cette petite secousse au niveau de l'égo est une chose immatérielle : à ce moment, les gens reconnaissent leurs opportunités. Et ceci s'applique sur tous les continents : j'ai vu cela en Europe, en Amérique, en Asie et aussi en Afrique.

## Une chanson africaine

Deux fois dans ma vie, j'ai été impliqué dans du Kid Coaching (coaching des enfants).En 2005, j'ai collaboré avec Bob Proctor sur un de ces projets. C'était mon souhait de travailler avec des enfants, de leur parler et de leur fournir des sujets qu'on ne traite généralement pas dans les meetings de formation et dans les conférences téléphoniques : Qu'est-ce que tu aimes ? En quoi es-tu bon ? Comment fais-tu pour aider les autres ?

Je veux coacher ces enfants loin du stress de l'école afin de leur donner une idée à propos de leur plan de vie personnel et pour découvrir avec eux leurs capacités individuelles. La quintessence que j'ai tirée de ces années de travail avec les enfants est la suivante : les enfants sont contents quand ils apprennent, ils sont facilement enthousiasmés et ils sont orientés sur la performance : ils n'ont pas besoin qu'on leur donne des notes pour cela. Ils apprennent avec leur libre arbitre parce que c'est amusant pour eux et parce qu'ils reconnaissent leur potentiel intérieur.

Quand je repense au passé, je peux dire que le niveau social d'origine des enfants ne joue pas un rôle majeur et ne compromet pas l'apprentissage, si les enfants sont encouragés selon leurs talents. Ils développent des forces et des idées et il est impossible de les empêcher de se projeter dans l'avenir, et c'est le cas partout dans le monde.

*La co-auteure de ce livre, Gabriele Borgmann, est partie au Sénégal dans le cadre du projet d'une ONG (Organisation Non Gouvernementale). Elle devait tourner un film avec une équipe de cameramen au sujet d'enfants négligés auxquels on off-*

rait une éducation scolaire au sein de ce projet d'ONG. Les enfants vivaient près de Dakar et pouvaient facilement être ramassés en voiture. Les bidonvilles commencent là où les routes goudronnées s'arrêtent, à l'endroit où la route truffée de nids de poule rétrécit : les maisons deviennent des cabanes, les fenêtres des trous dans les murs et sont recouvertes de haillons. Les enfants sont assis dans la poussière rouge et un lourd nuage d'alcool envahit l'air chaud environnant. Les pères de famille sont alcooliques, ils volent et revendent des marchandises dans des marchés illégaux non loin des bidonvilles. Les mères se prostituent et s'effondrent en quelques années. Vous n'avez pas besoin de beaucoup d'imagination pour comprendre où ces enfants finiront un jour ou l'autre.

Un projet d'école a démarré au beau milieu de toute cette misère. En partie contre la volonté des parents, les employés d'une institution européenne ont fourni aux enfants des uniformes d'écolier. Ils allaient chercher les plus petits en voiture, tous les matins, pour les emmener à l'école et, tous les soirs, ils les ramenaient chez eux, propres, bien nourris et les yeux brillants. Très vite les enfants ont commencé à aimer cette école bancale, entourée d'une barrière en bois et dont le toit était criblé de trous. Mais c'était leur refuge. Une petite fontaine dans la cour était le point de rencontre et des vieux baobabs fournissaient de l'ombre.

A l'intérieur de l'école, 50 petits enfants alertes s'asseyaient en rang et regardaient le tableau noir avec fascination. Un jour, les membres de l'équipe de tournage ont été invités dans cette école primaire située aux abords des bidonvilles de Dakar. Ils regardèrent les yeux des enfants remplis de curiosité, ils caressèrent leurs cheveux rêches. Ils s'assirent avec eux et furent émerveillés de la propreté des tables et du soin que les enfants portaient à leurs cahiers. A la fin de la journée, *les enfants leur chantèrent une chanson en guise d'au revoir. Ces petits mômes de 5 à 6 ans d›âge chantèrent « Tous mes canards » dans un mélange d'Anglais et de Français : puis ils s'esclaffèrent bruyamment et de bon cœur...Le monde s'était un petit peu rapproché... et quelques larmes ont été ravalées.*

Les enfants veulent apprendre et accomplir des choses extraordinaires. Ils recherchent des opportunités dans la vie. C'est la tâche des adultes de tout faire pour qu'ils élargissent leur vision. Les enfants qui sont capables de vivre cela développent de la résilience dans leur vie : ils peuvent s'adapter plus tard, à l'âge adulte, aux situations les plus variées, mais ils ne vont pas renoncer à leur but dans la vie. Ils auront aussi le courage et la force de réfléchir à ce qu'ils peuvent vraiment réaliser. Ils vont contribuer à l'Index de Développement Humain qui mesure les véritables coordonnées du bonheur : la santé, l'éducation, la liberté de concevoir sa propre vie.

# La Liberté :
## Concevoir sa Propre Vie

La liberté est un énorme concept. La liberté, dans le contexte de l'Association Winspiration Day, signifie que chacun peut se développer selon ses capacités et ses talents et que chacun doit prendre responsabilité pour lui et pour les autres.

La liberté signifie aussi que la compulsion et le mauvais usage du pouvoir ne sont pas permis et que, selon Emmanuel Kant, la liberté de l'individu s'arrête là où la liberté de l'autre est restreinte. Et, entre ces deux extrêmes, chacun devrait réaliser son plan de vie personnel et découvrir son but dans la vie dès l'enfance. En ce qui concerne l'Association Winspiration Day, la liberté grandit tous les jours grâce aux idées et au courage de briller au-delà de la médiocrité.

Même si je sais qu'il y a beaucoup de choses à améliorer, je voudrais quand même insister sur le point suivant : la situation politico-économique du monde occidental présente un terrain fertile. Nous ne sommes pas gouvernés par des dictateurs. Nous pouvons regarder demain sans la peur du despotisme : la démocratie et l'application des lois le garantissent. Notre système d'économie de libre marché récompense la performance et promeut la prospérité. Ce terrain de paix et de liberté se présente à nous pour la première fois dans l'Histoire : cela n'a jamais été le cas auparavant. Nous n'avons pas besoin de regarder trop loin en arrière pour apprécier la valeur de la liberté et pour l'entretenir comme une denrée de valeur. Nous devons l'entourer de toute notre attention pour qu'elle ne meure jamais. Nous n'apprécions la liberté définie par la loi que depuis approximativement 60 ans. Cet intervalle de temps est pareil à un battement de paupière dans l'Histoire, et il survient seulement aujourd'hui dans notre vie de tous les jours, dans les entreprises, les écoles et les familles.

L'Association Winspiration Day souhaiterait apporter, une fois par an, un stimulus et proposer cette notion d'inspiration. Elle voudrait offrir un cadre pour la liberté d'auto-expression. Une fois par an, concentrer les pensées sur l'immense responsabilité qui incombe à chacun d'entre nous en ce qui concerne son propre avenir et celui de ses enfants.

A partir de ce jour, l'Association voudrait encourager des gens à découvrir leurs talents spécifiques et à croire que le meilleur est à venir. Que se passerait-il si, pour une fois, nous faisions une pause et que nous nous mettions à réfléchir à notre But dans la vie, à ce qui compte vraiment ? La physique quantique nous apprend l'intensité avec laquelle la synergie fonctionne, et comment les probabilités s'enchainent pour de bon, simplement par la pure volonté de celui qui observe. Nous savons que les développements prennent un virage positif, si nous les accompagnons d'une bonne énergie. Il existe des exemples innombrables de classes entières d'enfants que l'on néglige et qui sont portés sur la violence, qui deviennent des classes de hautes performances, simplement à cause de l'attitude engagée de certains enseignants. Si les enseignants se mettent à croire en leurs élèves de façon permanente et inconditionnelle, les enfants donneront le meilleur d'eux-mêmes. Ils apprennent ensuite comment garder une bonne attitude dans la vie.

## Le bonheur et l'argent

Aujourd'hui nous pouvons demander ce que nous voulons et nous pouvons développer ce que nous pouvons faire. J'irai un pas plus loin en disant : « Chacun d'entre nous a le devoir d'émettre des étincelles pour lui-même et pour la société dans son ensemble, en se basant sur ses talents. Là où existe le don, il y a aussi le devoir » - c'est la formule du bonheur.

Le bonheur est fait d'un matériau très léger. Mais il n'est pas composé d'idées d'argent. Après tout, nous ne mangeons pas pour accroitre le flux sanguin dans notre corps. Nous mangeons et buvons de bonnes choses pour rester en bonne santé et continuer à jouir de la vie avec tous nos sens. C'est la même chose quand il s'agit de travailler et de gagner de l'argent : celui qui est actif dans le seul but d'accumuler de l'argent est en train de trahir son âme. Le bonheur et la satisfaction se mettent en retrait à un certain moment.

Les compagnies pour lesquelles la seule mission est d'augmenter le nombre de leurs bons de commande plutôt que de prêter attention à la qualité de leur prestation commerciale, n'ont aucun avenir sur le marché. Elles meurent exsangues.

Péro Micic, futurologue et orateur lors du Winspiration Day en 2006 à Baden-Baden, écrit à ce sujet que : « Nous devons concevoir nos entreprises de telle manière qu'elles ne deviennent pas des droguées de la croissance et de la vente. Nous devons nous débarrasser de l'addiction et de la dépendance à la croissance. (...) .S'il devait y avoir quelque part une croissance constante, ce devrait être dans la qualité de la vie, peu importe son niveau. Et, bien sûr, à la condition expresse que nous ne traitions plus notre Planète de manière si imprudente et si irréfléchie ».

Les banquiers qui perdent des milliards afin de générer des profits personnels sont responsables d'un effondrement économique général et, en fait, d'une crise. Il est grand temps pour nous de gérer notre liberté de façon responsable, d'assumer nos propres responsabilités et de réfléchir aux conséquences de nos actes.

Toute personne qui renforce réellement ses compétences et planifie sa carrière selon des critères individuels de moralité, atteindra la performance maximale et la sécurité financière. Il n'est plus alors nécessaire de faire la grève.

Les syndicats pourront finalement changer leurs discours et lancer un appel au travail pour une cause plutôt que la lutte pour du travail. Peut-être même que les syndicats deviendront des structures superflues. Personne ne devrait se permettre de se laisser envouter par des promesses de revenu minimum, personne ne devrait se laisser restreindre dans ses capacités, personne ne devrait être payé moins que sa valeur véritable : cela pourrait finir de manière ultime par une catastrophe humaine. Il est beaucoup plus prometteur de planifier et de développer ses propres capacités avec panache.

Dès que les syndicats auront réussi la transformation vers le changement structurel, dans lequel l'apprentissage continuel peut trouver sa place, dans lequel les étapes hiérarchiques seront aplanies et les gens ressentiront un sentiment de valeur personnelle, alors ces syndicats auront atteint le sommet. Alors les chauffeurs routiers qui cessent le travail pour obtenir 1euro cinquante de plus de l'heure et qui causent des pertes nationales de l'ordre de plusieurs centaines de millions d'euros ne seront plus jamais applaudis. Tout un chacun est libre de quitter son emploi si les conditions ne lui conviennent plus.

Les nouvelles technologies, les modèles d'horaires de travail différents, une plus grande marge de manœuvre pour les individus : tout cela aura un impact sur l'avenir et sublimera les journées de 8 heures de travail ponctuées par l'horloge de présence ainsi que les augmentations de salaire calculées jusqu'à la retraite.

Le meilleur reste à venir, à la condition que les gens ouvrent leurs yeux et deviennent braves. Périclès le savait déjà : « Le secret de la Liberté, c'est le Courage.»

## Le courage de réaliser son but

Quand j'ai créé Winspiration Day en 2003, je voulais raconter des histoires de gens qui vivaient pour leur liberté, qui ne laissaient rien, ni personne, les arrêter, peu importe le sort tragique qu'ils avaient pu subir.

Voici les mots de Marianne Williamson : « Il n'y a rien de noble dans le fait de se rabaisser afin que les autres autour de vous ne vous perçoivent pas comme une menace. Et quand nous laissons notre propre lumière s'exprimer, nous donnons inconsciemment à d'autres la permission de faire de même. Alors que nous nous libérons de notre propre peur, notre présence en libère automatiquement d'autres. »

Ces mots résonnent encore aujourd'hui et pourraient devenir le crédo de tous les jeunes gens pour qu'ils s'accrochent dans la vie à leurs rêves, pour qu'ils n'abandonnent jamais, même dans les pires circonstances adverses.

Les difficultés pour les jeunes commencent dès l'école primaire. Des films tels que « Le coach Carter » racontent ce type d'histoires. J'ai pris conscience de ce fait quand j'ai coaché des jeunes enfants en compagnie de Bob Proctor, afin de leur donner une idée de l'avenir. Les parents soutenaient notre projet de motiver leurs enfants sans le stress de la bonne note et sans la pression de la performance. Et ce qui s'est passé était bien plus que de travailler pour obtenir de bonnes notes dans le système scolaire standard. Les enfants ont perdu la peur d'apprendre. L'écoute, les discussions, l'observation et la découverte les ont poussés à devenir meilleurs. « Je viens de réaliser que personne dans ma classe n'a d'objectif, pas même notre professeur. » me dit un garçon de 14 ans. Il y a tant de trésors qui sont là en train de dormir, car ils sont occultés par le manque d'imagination de nos programmes d'enseignement scolaires.

Quand ces jeunes se sont trouvés sur la scène du Winspiration Day 2006, ils ont déclaré au micro, avec leur honnêteté fraîche et juvénile : « Mes notes en classe s'améliorent : non pas parce que j'apprends plus, mais parce que les autres m'acceptent ». « Je suis simplement là, debout, et je dis ce que je pense : c'est tout simplement génial ! Merci beaucoup ! » - Les parents étaient touchés et avaient les larmes aux yeux. Travailler avec des jeunes et entendre leur point de vue sur la vie, voilà des moments merveilleux. Et j'espère qu'ils pourront s'accrocher à leurs idées toute leur vie, tout comme Nelson Mandela s'est accroché à son plan de vie. Nous avons tant besoin d'exemples extraordinaires comme ceux-ci.

L'impulsion de créer le Winspiration Day est venue de la déclaration du Chancelier Angela Merkel en 2003 qui expliquait que 2 millions d'enfants vivaient de la Sécurité Sociale en Allemagne, l'un des pays les plus riches du monde. Les enfants issus de familles pauvres ont plus de difficultés à l'école maternelle, à l'école primaire et dans la vie professionnelle que les enfants issus de familles riches. Leurs parents ont souvent déjà baissé les bras dans la vie. Ils ont très peu de communication entre eux à la maison. Leur vocabulaire se détériore. La création de synapses dans le cerveau ne peut se produire. Les statistiques montrent que les enfants en situation de pauvreté ont un niveau linguistique moyen avant les vacances scolaires et ce niveau chute dramatiquement sous la moyenne à la fin des vacances. Les enfants pauvres s'enfuient dans les mondes digitaux virtuels (par les consoles de jeux vidéo) plus souvent que les autres et la spirale descendante est plus rapide. De tels enfants manquent crucialement d'inspiration. Le docteur Manfred Spitzer a démontré dans son livre « La démence numérique : comment nous sommes responsables de la perte de notre raison et de celle de nos enfants », comment apparaissent les troubles du langage et de l'apprentissage. Manfred a reçu le Winspiration Day Award en 2010 pour sa recherche sur la relation entre l'apprentissage cérébral adéquat et le fait de vivre une vie joyeuse.

Les enfants pauvres n'apprennent pas comment ils peuvent se réaliser. Ni à la maison, ni ailleurs. Leur espace est étroit et limité par leurs conditions environnantes. Et, selon mon expérience, je sais que nous devons changer le contenu de notre éducation. Nous devons faire tout ce qu'il faut pour extraire ces enfants du dilemme de la pauvreté. Les enfants ont un besoin crucial d'exemples qui leur montrent que cela vaut le coup de se battre pour sa propre cause.

Joanna Zimmer n'a jamais cessé de croire en son talent et elle a fait diligence pour avancer et progresser. La jeune chanteuse a beaucoup de succès aujourd'hui sur les scènes internationales. Elle est aveugle et n'a jamais combattu son sort.

Maren Opfermann a très tôt mis le sport au centre de sa vie. Elle croyait qu'elle allait percer. Elle est devenue championne du monde de gymnastique gym Wheel et elle entraine des jeunes afin qu'ils atteignent leurs objectifs sportifs.

Il n'est pas bon de montrer à des élèves du secondaire comment remplir des formulaires d'aide sociale. Au contraire, il nous faudrait, dans le programme scolaire, un nouveau sujet libre pour montrer aux jeunes comment gérer consciemment leur responsabilité et renforcer leurs capacités individuelles.

## La liberté : Un sujet à enseigner à l'école

Notre système éducatif se concentre sur le collectivisme et non sur les capacités individuelles. On visualise le cadre des plans de travail à la lumière de spécifications, de compromis et de traditions. Chaque région mélange sa recette et l'assaisonne à son goût. Les jeunes sont censés utiliser ce modèle, sans se poser de question.

L'école obligatoire est présentée dans un paquet sous vide sans date d'expiration. C'est à peu près la même chose depuis 200 ans, mais rien ne change plus vite que le temps. Des solutions à couches multiples sont nécessaires depuis longtemps.

Quand on observe la France et les USA, on aperçoit une vague tendance : l'école à domicile. Il existe des histoires de succès d'enfants qui n'ont jamais été à l'école et qui ont reçu leur éducation à domicile ou chez un parent, au sein de petits groupes d'éducation privée. Mais ils ont réussi dans la vie et dans leur travail.

Quel pas de géant serait ainsi accompli en Allemagne, si les parents étaient responsabilisés quant au sujet « Liberté » et s'ils prêtaient plus d'attention aux objectifs de vie qu'à l'apprentissage des objectifs imposés par le système éducatif !

Et pourquoi ne regardons-nous pas ce qui se passe en Inde ? Certaines universités privées ont un statut d'élite. Là, les étudiants obtiennent un diplôme en un temps record, parce qu'ils choisissent eux-mêmes leurs modules de spécialité. Parce que la joie de la recherche est mise au premier plan, et non la course à travers un plan d'études prédéterminées.

Plus les jeunes se sentiront libres, plus leur conscience de l'avenir sera grande. Nous pouvons échouer en cours de route. Nous pouvons expérimenter l'échec. Mais nous ne devrions pas nous satisfaire de la médiocrité et nous résigner à être pauvre.

## Entrer dans l'avenir avec constance

Je connais à la fois les hauts et les bas. Il y a de nombreuses années, j'avais beaucoup de succès. Mon cabinet d'avocat et de conseil fiscal en entreprise était florissant et ma société immobilière gérait d'énormes projets. La façade scintillait de l'extérieur. Au moment où je pensais qu'il me fallait continuer dans cette carrière, je me suis senti soudainement étranger à moi-même dans cette course de vitesse. Cela était lourd de conséquences, car j'étais englué dans mon travail. Cette foire à l'empoigne m'a essoufflé ; j'ai perdu ce sentiment de liberté personnelle. Et, à la fin, je me suis retrouvé avec une montagne de dettes d'approximativement 2,5 millions de Deutschemarks. La chute fut très rude pour moi...

A ce point de descente extrême, je me suis juré : « Si jamais se représente le chemin vers la remontée, alors j'adopterai une attitude individualiste et autodéterminée » Et, en adoptant cette vision de liberté, j'ai pu reconnaitre les opportunités qui s'offraient à moi. Un changement de perspectives s'était produit.

Depuis cette époque, je sais que, quand les paradigmes changent, la petite danse autour du Veau d'Or s'arrête. Alors, gagner de l'argent n'est plus l'objectif dans la vie, mais l'effet qui est produit quand la performance s'accroit et que la joie est présente.

Un changement de perspectives nous libère des suggestions négatives et nous autorise à formuler de nouveau des souhaits. Nous avons plus besoin de créativité que de concurrence. Nous voulons du gagnant-gagnant, pas du perdant-perdant. Afin que la croissance puisse se produire sans aucune restriction.

Steve Jobs a démarré en bricolant dans un garage. On riait de lui. Il était poussé par sa vision. Et il n'a jamais cessé de brûler pour sa passion. Vingt ans plus tard, Apple est la société la plus chère du monde et elle a révolutionné un grand nombre de domaines en affaire.

Job a pris la liberté de partir de zéro et de ne pas échouer, en dépit des règles et des réglementations en vigueur.

L'Association Winspiration Day veut encourager l'idée de ne pas perdre de vue ses propres objectifs dans la vie et de réfléchir longtemps en avance avec la certitude que le meilleur nous attend toujours dans l'avenir.

C'est un sentiment très apaisant. Mais il s'agit aussi de la responsabilité de chacun de gérer sa liberté de manière consciente et de la planifier avec courage et moralité.

# Le Portrait

Un jour, Samy Molcho m'a demandé : « Pourquoi fais-tu cela ? Pourquoi voyages-tu une fois par an dans des villes, des pays et des continents pour remettre un prix ? ». Je ne m'attendais pas à cette question. Surtout de la part d'un homme qui avait inspiré pendant des décennies des gens par son humour, son charme et sa connaissance du langage corporel. Fuir devant le regard de Samy est impossible. Donc j'ai répondu directement : « La performance extraordinaire m'impressionne ». Il a relevé le sourcil droit : « Mais il existe des Prix Nobels pour cela ! ». J'ai reconnu son intelligent jeu de mots alors qu'il prononçait le mot « Noble » et j'ai poursuivi « Oui, c'est vrai ! Chaque détenteur du Prix Nobel représente une histoire de recherches et de connaissance, c'est merveilleux. Mais tu sais Samy, avec mon Prix, je veux projeter la lumière sur des hommes, des femmes et des enfants qui améliorent le monde un petit peu grâce à leur vision - sur des gens qui réalisent l'extraordinaire en dépit d'handicaps physiques, en dépit des coups du sort et des désavantages - sur des gens qui inspirent de façon merveilleuse, qui brûlent de leurs idées et qui nous rappellent encore et encore à travers leur connaissance et la réalisation de leurs rêves : « Découvre tes véritables capacités ! »

J'aimerais dans les prochaines pages vous en présenter quelques-uns, soit sous la forme de discussions, soit sous la forme d'un portrait.

http://may7.org/irky Extrait de l'interview entre Wolfgang Sonnenburg et le Professeur Muhammad Yunus.

# Professeur Muhammad Yunus,
# Prix Nobel de la Paix

## *« Il y a des femmes pauvres tout autour du Monde »*

La question « Est-ce que l'argent nous rend heureux, oui ou non ? » est un échange verbal entre des philosophes, des entrepreneurs et certains politiciens de haut niveau. Cette dissertation se déroule en général au sein de sociétés qui jouissent du luxe d'avoir le temps et les denrées nécessaires pour apprécier ce sujet. Ceux qui participent à ces colloques sont bien éduqués, bien nourris et en général fréquentent des gens de la même condition.

Par exemple, un regard sur le Bangladesh ferait grimacer certains d'entre eux, qui prendraient alors une pause avant d'amener la discussion dans une toute autre dimension.

Ils découvriraient que : oui, l'argent peut rendre quelqu'un heureux, parce qu'il peut changer le sort des gens et même leur sauver la vie, et ceci même à partir de petits montants. L'économiste Muhammad Yunus peut nous raconter beaucoup de choses sur ce sujet. Il a fondé la Banque Grameen, il a distribué des microcrédits à des pauvres dans le pays depuis 1983 et il a reçu pour cela le Prix Nobel de la Paix en 2006. J'ai rencontré Muhammad Yunus pour une conversation qui encourage la réflexion sur l'argent et le bonheur :

*« Vous dites que vous voulez éliminer la pauvreté. Est-ce vraiment possible ? »*

« Nous pouvons créer un monde sans pauvreté. Le don que chaque être humain possède est un potentiel illimité, une créativité sans limite. Nous arrivons sur Terre avec ce paquet : il est impossible de l'extraire de tout être humain. Mais, malheureusement, nous avons créé une société dans laquelle beaucoup d'entre nous n'ont jamais eu l'opportunité de déballer ce cadeau. Si la société m'autorise à déballer ce cadeau, je ne serai pas pauvre, parce que je sens que je possède ce talent et la créativité pour me hisser vers le sommet. »

*« Mais je vois aussi que beaucoup de gens sont coincés dans la pauvreté. Parfois ils ont du mal à s'extraire de cela pour voir la scène idéale. Donc il y a quelque chose que nous devons changer dans le paradigme, les pauvres doivent changer quelque chose, et les riches et nantis doivent changer quelque chose, n'est-ce pas? »*

« La plus grande partie du changement doit venir de l'extérieur, puisque la pauvreté est imposée de l'extérieur. La pauvreté n'est pas créée par les pauvres, elle est créée par le système, les institutions, les politiques et par la conceptualisation des choses qui nous entourent. Donc, nous devons changer ces choses. Je dis souvent que la graine de la pauvreté est dans l'institution. Pourquoi l'institution ne doit-elle s'occuper que des riches ? Nous pouvons créer une institution financière totalement différente où même les mendiants pourront aller chercher des aides financières. Mais nous ne sommes pas arrivés là les mains vides… »

« *Non, et vous l'avez prouvé !* »

« Nous faisons cela tout le temps. Il n'y a rien d'extraordinaire ni d'utopique. C'est notre pain quotidien, c'est ce que nous faisons. Mais pourtant le système bancaire n'a toujours pas changé. Et aujourd'hui, nous avons créé cette grosse crise. »

« *Quand vous allez dans les écoles, avez-vous à disposition pour les enfants des programmes éducatifs spécifiques afin de les aider à changer leurs paradigmes ?* »

« Absolument ! Quand vous essayez de changer le système, c'est là que le système commence : dans votre esprit. Donc le système d'éducation doit s'adapter à ces changements que nous essayons d'introduire avec ces concepts, et nous devons partager ces concepts avec les jeunes. Par exemple, quand je parle des concepts d'affaire. Le seul concept d'affaire que nous avons dans la théorie économique capitaliste, c'est de faire de l'argent, comme si l'être humain était une machine à produire de l'argent. Je dis que les êtres humains ne sont pas des êtres unidimensionnels. Afin de justifier la vue multidimensionnelle de l'être humain, je dis souvent que nous devons au moins introduire un autre type de modèle d'affaire dans le cadre théorique : cela fera du bien aux autres plutôt que de ne rapporter qu'à moi seul. C'est ce que j'appelle le business social.

Quand nous aurons introduit dans le même marché les 2 modèles d'affaire, c›est-à-dire le business classique générateur de revenus et le business social, qu'y aura-t-il de différent ? Nous serons en train d'enseigner aux jeunes qu'ils ont le choix. Les jeunes peuvent décider de faire les 2 modèles : qu'y a-t-il de mal à cela ? Ils peuvent gagner de l'argent ici et utiliser l'argent pour faire ceci.

Donc, c'est ce que nous disons à nos jeunes gens. Je demande à ces jeunes d'imaginer quel type de monde ils voudraient créer. Après tout, ils ne sont pas simplement passagers de ce vaisseau spatial. Non, ils sont les pilotes de ce vaisseau spatial. « Concevez la destination que vous voulez atteindre et ensuite mettez-vous au travail ! Allez le faire ! »

Aujourd'hui, la tâche est donnée aux jeunes. On leur apprend en quelques minutes certains détails de gestion d'affaire, mais une affaire dans quel but ? Quelle destination atteindre ? Qu'est-ce que je veux laisser derrière moi quand j'aurai quitté cette planète ?

Aujourd'hui, tout le monde est si occupé ! C'est comme si nous avions débarqué d'une autre planète et que nous avions décidé de piller la Terre. Pillons-la jusqu'à ce que toutes les ressources soient épuisées, et rentrons ensuite à la maison, sur notre planète. Mais il n'y a pas d'autre maison : c'est ici notre maison ! Les gens oublient cela ! Nous vivons comme si nous étions la dernière génération sur cette planète et comme si nous n'avions à nous inquiéter de rien. »

> « Vous parliez d'entreprises qui ne cherchaient qu'à gagner de l'argent. C'est bon de gagner de l'argent, mais aujourd'hui on fait beaucoup d'argent avec des affaires qui détruisent plutôt que de créer de bonnes choses. Nous sommes devenus « accros » à la vitesse de croissance, et c'est comme un cancer. Ce qui est stupide, c'est que si le cancer grandit suffisamment, il tue son hôte. Nous n'avons pas de qualité dans notre Produit National Brut. Donc je pense que dans l'avenir, tout ce dont nous aurons besoin, c'est du modèle business social, et

*en surplus nous aurons le luxe d'utiliser le modèle business-profit ».*

« Exactement ! Vous l'avez très bien décrit en utilisant le mot addiction. Je conçois le fait de gagner de l'argent comme un moyen mais, d'une certaine façon, c'est devenu une fin en soi, comme si c'était le résultat final dans la vie. Ce n'est pas le résultat final dans la vie. Nous gagnons de l'argent pour un But.

Le business social me fournit ce moyen : gagner de l'argent et utiliser cet argent pour créer le monde dont je rêve. C'est ce que je veux faire. Et j'avance un pion après l'autre et je laisse ma signature sur la planète : « J'étais là et voilà ce que j'ai fait. » Tous les êtres humains veulent laisser leur signature. : « J'étais là et voici ma contribution. C'est peut-être une petite contribution, mais je l'ai fait avec toutes mes capacités, j'ai fait de mon mieux ». Si chacun faisait juste sa petite partie, le monde serait un endroit bien meilleur. Aujourd'hui, nous avons oublié tout cela, comme si le bonheur signifiait être assis sur un tas d'argent. Le tas d'argent ne fait pas votre bonheur. Le bonheur c'est ce à quoi vous contribuez, c'est la différence que vous faites dans la vie des gens et de la planète. On n'enseigne pas cela à nos jeunes. On enseigne à nos jeunes que le bonheur, c'est d'obtenir une bonne instruction afin de pouvoir travailler pour une bonne compagnie et gagner beaucoup d'argent. Ou alors, vous pouvez diriger une bonne compagnie et faire beaucoup d'argent pour vous-même. Pour en faire quoi ? Combien de voitures possédez-vous ? Combien de maisons pouvez-vous acheter ? Cela n'a pas de sens.

Donc aujourd'hui il nous faut sortir de cette interprétation étroite, de cette interprétation très étroite de la vie et du système économique. La croissance en elle-même ne me fait rien ; la croissance pour une cause, pour aller quelque part, oui. Sinon, pourquoi en avoir besoin ? »

*« Avec votre banque, vous avez découvert qu'il était plus facile d'atteindre cette compréhension avec les femmes. Donc, qu'est-ce qui est plus difficile avec les hommes ? Y a-t-il une raison pour laquelle c'est plus facile avec les femmes ? »*

« La raison pour laquelle nous nous sommes concentrés sur les femmes vient d'ailleurs. C'est une bataille que j'ai commencé à mener avec les banques conventionnelles Avant de démarrer cette tâche, je me plaignais déjà et je les accusais (ces banques conventionnelles) d'avoir tort de rejeter les pauvres. J'ai rajouté qu'elles avaient tort de commettre l'injustice de rejeter les femmes Même si la femme est riche, les banques ne prêtent pas attention. Afin de leur prouver que j'avais examiné leurs chiffres, je leur ai dit : « Regardez vos chiffres : il n'y a même pas 1% de femmes parmi vos emprunteurs ! ».

Quand je me suis lancé, je me suis assuré que la moitié des emprunteurs dans mon programme soit des femmes. Et la bataille a alors commencé. Les femmes avaient peur de l'argent et avaient peur de se lancer en affaire. Elles me disaient : « Donnez l'argent à mon mari !». Et puis, au bout de 5 années, nous avons atteint le niveau de 50-50. Nous avons alors remarqué que l'argent versé aux femmes rapportait plus de bénéfices à la famille que le même montant d'argent remis aux hommes. Et donc, à maintes reprises, nous avons changé notre politique et nous avons dit : « Concentrons-nous sur les femmes, parce qu'elles rapportent tellement de bénéfices à la famille.

Aujourd'hui, 97% de nos emprunteurs sont des femmes. Nous avons 7 millions cinq cent mille emprunteurs et 97% sont des femmes. La banque appartient aux emprunteurs, ce qui signifie qu'elle appartient à des familles pauvres. Donc quand le micro-crédit est devenu un système et qu'il s'est propagé au-delà des frontières du Bangladesh, il est presque devenu synonyme de crédit pour les femmes pauvres. Il existe pour 100% des femmes de toute la Terre.

> *« Nous voyons ici un superbe exemple, mais nous avons encore beaucoup à apprendre. Existe-t-il un système de conseil ou de consultation pour quelqu'un qui veut apprendre à lancer un business social ? Est-ce que les livres sont suffisants ? Est-ce qu'on peut consulter quelqu'un comme vous et dire : je veux apprendre ce système et pouvez-vous m'aider ? »*

« Oui, vous êtes toujours le bienvenu. Nous sommes entrainés à expliquer aux gens, parce que nous ressentons très fortement que c'est ce dont le monde a besoin. Dans beaucoup de pays, les gens se lancent dans des débats-souvent intellectuels et disent : « Notre pays ne ressemble pas au Bangladesh. Nos gens ne sont pas aussi pauvres qu'au Bangladesh. Nos gens ne sont pas aussi dignes de confiance que le peuple du Bangladesh. Là-bas, on peut prêter de l'argent sans aucun nantissement : nous ne pouvons pas faire cela ! ».Et je réponds : « Tout ce que vous dites est faux. Les gens sont des gens, peu importe où ils vivent. Les gens sont au plus bas de l'échelle à cause du système qui les a poussé dans cette situation et vous pouvez résoudre la situation en enlevant l'obstacle.»

Merci beaucoup, Professeur Muhammad Yunus.

# Dagmar Riedel-Breidenstein, Ambassadeur De La Tolérance

## La Répression au nom de l'Honneur

Hatun Surucu meurt le 5 Février 2005. Elle s'effondre en plein jour, à l'arrêt de bus du Berlin-Tempelhof, touchée par 3 balles tirées en pleine tête. Le meurtrier est son frère. Un cri d'horreur retentit dans le monde politique et dans la société. Il est rare que les agressions dans les familles musulmanes soient révélées de manière si impitoyable.

La jeune femme voulait s'échapper, refuser un mariage arrangé et vivre sa vie de manière autodéterminée. Le soi-disant « crime d'honneur » a balayé d'un seul coup ses souhaits et ses désirs ardents. Et, depuis ce jour, la violation de ce Droit de l'Homme a un visage : celui de la beauté et de la modernité. Tout le monde aurait souhaité que Hatun Surucu ait eu l'autorisation de construire son avenir de mère et d'épouse ainsi que sa carrière d'ingénieure en électricité.

Pendant que les hommes politiques et les experts débattent sur l'Islam et qu'ils prévoient sur leurs agendas des mesures de coercition, d'abus et de répression à l'encontre des familles d'immigrants, une femme à Berlin part à l'action. Elle se concentre exactement là où la souffrance apparait : au niveau des gardiens de la sexualité féminine, les frères. La sociologue Dagmar Riedel-Breidenstein a une expérience considérable dans la gestion des conflits.

Elle a dirigé pendant les vingt dernières années l'Association Strohhalm, qui agit dans l'intérêt des personnes les plus vulnérables dans notre société : les enfants. L'attitude autoritaire de certains milieux de l'immigration envers les femmes a été la raison suffisante pour que Dagmar fonde « Heroes » en 2007. Depuis cette date, elle est totalement dévouée à la tolérance et à la coexistence pacifique des cultures. Son association est exemplaire et a acquis le respect, bien au-delà des limites de Berlin. Avec son association « Les Héros », elle veut porter les idées de liberté et d'appréciation dans les familles immigrées, afin de mener à bien et ensemble un changement. Et afin d'atteindre cet objectif, elle travaille en association avec les fils et parfois aussi avec les filles.

## *Casser les traditions*

Dagmar Riedel-Breidenstein et son équipe offrent à de jeunes hommes de 16 à 24 ans l'expérience d'apprendre comment les femmes ressentent les choses quand on les opprime. Au cours de jeux de rôles, ils ressentent comment la haine rend quelqu'un impuissant et sans défense. Ils apprennent, au cours d'une année de compagnonnage, à redéfinir la notion d'honneur, car ils ne montrent pas leur sens de l'honneur quand ils forcent leurs sœurs. Ils apprennent qu'il n'y a qu'une seule place pour l'honneur de l'homme. A la fin du stage, les jeunes hommes se lèvent dans la salle et disent avec une image de soi complètement différente : « L'Honneur est en moi !».

Cet exercice de concentration leur permet de s'ouvrir à des perspectives très éloignées de la notion de contrôle, et qui touchent à leurs propres objectifs dans la vie. Cette phrase les rend flexibles et prêts pour le dialogue, tout en les ouvrant au respect des autres.

« Au début, quand nous avons démarré le projet, nous avions peur de ne pas pouvoir trouver suffisamment d'hommes issus des cultures de l'honneur pour notre formation et pour nos ateliers. Mais notre peur s'est avérée sans fondement. Les jeunes hommes viennent nous chercher de leur propre initiative. Ils sont curieux et ils ressentent qu'il y a quelque chose qui cloche dans les vieilles traditions que leurs pères prêchent. »

Dagmar Riedel-Breidenstein regarde le groupe autour d'elle. Les hommes assis à côté d'elle acquiescent et ajoutent qu'il est grand temps de créer un avenir basé sur l'égalité. Certains de leurs parents, pères et mères, étaient contre la formation des « Héros ». « Mais, rajoute la fondatrice des Héros, ils ressentaient aussi le courage de leurs fils. Ils ne se cachaient plus derrière les cris et les menaces. Ils commençaient à comprendre les femmes et les filles. L'atmosphère dans la famille changeait. Des pensées nouvelles étaient suivies de comportements nouveaux. Et ces nouveaux comportements à leur tour avaient un impact positif sur les relations entre les gens du quartier. Il y eu aussi un autre effet secondaire : soudainement leurs fils avaient moins de problèmes à l'école ».

Dagmar R-Breidenstein ajoute avec enthousiasme : « C'est une réalisation extraordinaire qu'accomplissent ces jeunes hommes pendant leur éducation. Un véritable changement se produit. Je suis touchée quand nous célébrons les diplômes d'un an d'éducation à Neukolln, quand des personnalités leur remettent leurs certificats. Ceci leur permet ensuite de parler dans des écoles en tant que modèles et exemples.»

## Le prix du courage

Je suis touché par cette preuve de dévouement à Berlin. J'ai découvert, par hasard, le travail de Dagmar R Breidenstein et de son équipe, en regardant la télévision. Je zappais sur différentes chaines, un après-midi, et je suis tombé sur la cérémonie de remise des prix pour ce projet d'intégration exemplaire. Ma curiosité s'est emballée. Je me suis mis à faire des recherches sur le travail et les objectifs de ces « Héros ». A la fin, j'étais convaincu que cet engagement envers l'égalité, l'appréciation et la tolérance dans la société, méritait la récompense 2010 du Winspiration Day.

Dagmar R Breidenstein accepte cette marque de distinction du public et assure qu'elle occupera une place d'honneur chez elle. Depuis ce jour, le trophée siège sur une étagère spéciale et représente une signification spéciale dans le cœur des héros de Berlin. Ce trophée symbolise l'idée que l'avenir peut être bon, si les gens poursuivent leurs objectifs de vie dans la paix mutuelle.

« J'aime me rappeler cette cérémonie de remise de trophée, ainsi que la philosophie du Winspiration Day : être proactif, bouger quelque chose et ne pas rester dans la bonne vieille routine. Ce prix symbolise l'avenir et il fait un travail de prospection pour notre Association, tout en augmentant son renom. » Elle sourit d'un air satisfait. Elle a réalisé beaucoup de choses dans les 6 dernières années depuis la fondation des « Héros ». Chacun des jeunes hommes dont elle s'est occupée a entretemps obtenu un diplôme de formation technique et a trouvé un métier qu'il aime. Certains d'entre eux travaillent aussi comme mentors et assistants dans les ateliers « Héros » qui ont lieu dans des écoles et des centres de loisirs.

« L'Honneur est en Nous » : cette phrase est une promesse de tolérance.

On peut seulement espérer que ce projet exemplaire ne va pas échouer par manque de fonds. L'approbation d'importantes personnalités, telles que la Reine Silvia de Suède et certains acteurs et hommes politiques, ne change malheureusement rien au fait que les Héros de Berlin ont besoin à la fois de reconnaissance et d'argent afin de continuer la lutte pour les Droits de l'Homme. Ceux qui regardent Dagmar Riedel-Breidenstein dans les yeux peuvent deviner sa devise : « Plusieurs chemins mènent à un objectif de vie. Nous croyons fermement en nous et en notre tâche dans l'esprit des Winspiration Days. »

http://may7.org/xcvw — Joanna Zimmer reçoit le trophée Winspiration Day à Baden-Baden en 2006.

# Joanna Zimmer,
# Chanteuse

## La nostalgie dans la voix

En 2006, Joanna Zimmer reçoit le trophée Winspiration Day. Elle est numéro 1 au Hit-Parade. Elle est arrivée numéro 2 en Allemagne avec sa chanson « I believe » (Je crois). Des apparitions sur les scènes internationales se sont enchainées. Elle a été honorée pour sa performance et son parcours impressionnant à Baden-Baden.

Quand Joanna est sous les feux de la rampe, qu'elle se concentre et qu'elle élève sa voix, elle parait forte et fragile à la fois. Elle est transportée par la chanson, mais elle est toujours présente. Sa chanson se fraie un chemin dans les cœurs de l'assistance. Les auditeurs retiennent leur respiration et ressentent la nostalgie, le courage et la confiance en soi de cette jeune femme, ainsi que son talent.

Tout le monde dans la salle, à cet instant, peut suivre les mots que j'ai choisis pour la présenter : « Joanna est une femme que rien, ni personne, ne peut arrêter, qui réalise ses rêves avec une force inhabituelle, une assiduité et une foi inébranlable en elle-même. » Joanna Zimmer est aveugle.

*« Que représente pour vous aujourd'hui le trophée Winspiration Day, sept ans après ? »*

« C'est une de mes plus importantes distinctions. Depuis ce jour, j'ai reçu plusieurs Awards, dont des disques d'Or pour mon classement au Hit-Parade et pour les records de recette. Je suis heureuse et fière de les recevoir. Mais le trophée Winspiration Day est différent. Il est axé sur les gens, sur leur destin et leur vocation. Je l'ai apprécié dans le calme. »

*« Que mettez-vous en rapport avec le Winspiration Day, le 7 mai ? »*

« L'idée de réfléchir sur sa propre capacité, une fois par an, me rend toujours enthousiaste. Nous pouvons faire bouger tant de choses ! Nous pouvons emmener des gens avec nous. Nous pouvons envoyer au monde un message qui parle d'opportunités. Si je peux contribuer un tout petit peu avec ma musique, cela me rend heureuse. Combien de fois sommes-nous confrontés à un défi et nous dérobons-nous ? C'est vraiment dommage. Cela ne nous conduit nulle part. Je pense que quel que soit la tâche, nous devrions toujours nous en occuper avec élan, enthousiasme et toujours avec conviction. Le succès consiste en petites étapes. Le succès n'arrive pas du jour au lendemain. Mais, chaque jour, nous nous rapprochons d'un pas du succès, si nous croyons en nous et si nous ne laissons pas les obstacles nous arrêter. »

*« Etes-vous toujours enthousiaste vis-à-vis de votre travail ? »*

« Oui. Je n'ai jamais refusé un contrat. Parce que j'apprécie vraiment mon succès. Il me rend humble. Et je ressens de l'Amour. Je suis aussi reconnaissante pour cela. Les gens qui m'accompagnent font des efforts pour moi - je ne veux pas les décevoir. Je veux rendre beaucoup, parce que je reçois beaucoup. J'ai une équipe formidable. Nous sommes un. Et cela aussi, ça m'aiguillonne et me pousse en avant. »

*« Que signifie le succès pour vous ? »*

« J'étais très excitée lors de ma première prestation internationale. Mais au fond de moi, j'ai aussi pensé que maintenant, finalement, après des années d'expérience et de persévérance, je recevais quelque chose en retour. Très tôt, j'avais rêvé d'être une chanteuse. Quand j'ai entendu Barbara Streisand chanter dans « Yentl », j'avais 13 ans et ça a été un moment clé. J'ai su alors que je voulais toucher les gens par la musique. Et quand j'ai reçu le trophée Winspiration Day, j'ai repensé à ce souhait de mon enfance. Ce ne sont ni le tapis rouge ni le prestige qui m'importent, c'est l'inspiration et, au-delà de cela, c'est réaliser mon objectif ».

*« Vous courez aussi le marathon ? »*

Oui, c'est pareil. Si on veut réellement progresser, il n'y a qu'une stratégie : s'approcher de son objectif par petites étapes et par de longues respirations. Je me suis entrainée pendant 6 mois pour réaliser cette tâche à Berlin. Et j'ai appris que je me comporte de la même manière sur la piste et dans la vie réelle. Je ne pense pas aux kilomètres. Je veux absolument atteindre la ligne d'arrivée, mais je m'en approche étape par étape. C'est la même chose avec ma carrière.

*« Est-ce que vous avez toujours eu cette attitude ? »*

J'ai été élevée en étant très indépendante. Je suis une fille des années 80. Mes parents vivaient de façon non conventionnelle, ils n'étaient pas mariés et ils avaient leur propre conception de la vie. Ils n'attachaient pas une grande valeur à suivre la voie toute tracée. Mais ils faisaient grand cas de l'ordre et des structures fiables. Mes parents me portaient toujours contre eux quand j'étais bébé. Je pense que c'est une bonne chose : cela réchauffe le bébé et le fait se sentir en sécurité. Cela renforce sa confiance dans le monde. Si vous expérimentez l'amour et la confiance quand vous êtes enfant, vous pouvez toujours les porter en vous. C'est un cadeau énorme. Il y a tant de gens qui ont tout, mais qui réussissent très peu.

*« Vous avez étudié dans une école privée. Comment avez-vous vécu cette période ? »*

J'ai aimé. Quand j'ai revu la directrice de ma chorale et qu'elle m'a dit que j'avais été si gentille avec mes nattes et mon regard timide, c'était comme si je rentrais à la maison. Elle était capable de me faire chanter dans tous les tons possibles pour la chorale. Nous avons beaucoup ri de cela. Mais revenons à l'école privée : mes journées étaient remplies par le chant, l'étude, les sports, le shopping et l'organisation de toutes mes activités. C'est ce qui m'a façonné jusqu'à ce jour. J'ai aussi appris que l'ordre fait aussi partie de la vie. Et que prendre la voie facile ne vous conduit pas bien loin. Il vaut mieux monter les escaliers que prendre l'ascenseur. Maintenant, je crois que la souplesse et la force de caractère sont les piliers du succès. A la fois dans le sport et dans les affaires.

*« Est-ce que le succès vous a changé ? »*

Non, je vois que je peux donner aux autres, simplement en racontant ma propre histoire. Je vois aussi mon succès comme une sorte de devoir pour donner aux autres le courage et leur dire : « Tu peux y arriver si tu crois en toi et si tu t'empresses à travailler sur toi ». Tout le monde peut transformer un obstacle en opportunité : c'est de cela dont il est question avec le Winspiration Day et c'est aussi ma devise.

Et une autre chose aussi : le succès soudain peut disparaître aussi soudainement. Je le sais, et donc l'attention ne m'affecte pas.

*« Sur quoi êtes-vous concentrée en ce moment ? »*

Je suis en train d'écrire mon premier livre. Je suis peut-être jeune, mais j'ai beaucoup de choses à dire.

« Merci Joanna Zimmer ».

# Maren Opfermann,
# Championne Du Monde De Gym Wheel

## La force et l'élégance à un haut niveau.

Maren Opfermann n'a jamais aimé cette mentalité scolaire du « soit tu…sois tu… ». Elle grimace quand elle songe aux doctrines restrictives que les enfants entendent tous les jours : « Soit tu as de bonnes notes, soit tu ne fais pas partie des meilleurs et alors tu n'as pas ta place au premier rang.»

Maren croit en ceci : « Il y a des choses bien plus importantes dans la vie que ces chiffres sur du papier, qui ne révèlent pratiquement rien de l'enfant et de ses rêves. Ces chiffres ne montrent que la performance dans un programme standardisé. En fait, ils empêchent de voir le talent. »

Maren Opfermann s'est très vite libérée de ces restrictions, elle s'est fixé ses propres objectifs et elle a conçu avec créativité les étapes pour les atteindre. Elle a appris ce qu'il lui fallait faire pour que les enseignants la supervisent mais en même temps comment parfaire son sens d'autodidacte.

« Quand j'avais 6 ans, j'ai réalisé que, tout d'abord, j'avais besoin d'avoir un objectif et ,qu'ensuite, je trouverai un moyen. Au début cela n'impliquait que de petits souhaits, mais plus tard ces souhaits ont grandi. A l'âge de 15 ans je me suis envoyé sur mon téléphone mobile les encouragements suivants : « Je serai championne du monde de gymnastique Gym Wheel ».

Trois ans plus tard, Maren Opfermann se tenait sur la plus haute marche des vainqueurs avec sa médaille d'or, et elle aurait pu embrasser le monde entier, tellement elle était heureuse et fière.

## Se relever et continuer

Aujourd'hui, Maren Opfermann est une des plus jeunes oratrices en Allemagne et en Suisse. Elle entraîne des gymnastes des deux sexes. Elle coache des jeunes sur la route du succès. Et elle sait que le succès ne s'apprécie pleinement que quand il est combiné à ses talents personnels. Etre diligent et avoir la volonté de se relever et continuer aboutissent à cet objectif : « Un jeune apprend cela dans le sport. Quand je suis tombée sur le sol en faisant un saut périlleux arrière, je me suis cogné le visage et ma tête m'a fait très mal. J'en aurais pleuré de douleur. Mais je me suis relevée, j'ai serré les dents et j'ai continué l'entrainement. Pourquoi ? Parce que j'avais un objectif. Je voulais devenir championne du monde en gymnastique Gym Wheel. La moindre hésitation aurait pu mettre en péril cette vision. »

Ni les blessures ni le manque de temps libre n'auraient pu empêcher cette jeune femme de transformer les mots sur son portable en réalité tangible. Maren sait que les enfants ont besoin d'objectifs, de gros objectifs, qui ne s'arrêtent pas à celui d'obtenir de bonnes notes en classe.

Les enfants veulent apprendre et pratiquer. Ils ont besoin d'enseignants qui ont des valeurs et qui leur apportent l'inspiration et la promesse continuelle que : « Si tu désires vraiment quelque chose, tes rêves deviendront réalité». Souvent Maren réconforte les gymnastes de son équipe à la fin d'une séance d'entrainement. Parce qu'ils ont peur d'échouer au niveau de leur objectif. Parce qu'ils doutent d'être capable de reproduire à la lettre leur performance lors d'une grande compétition. Elle se met à sourire ouvertement : « Il n'y a pas d'abandon possible. Pas d'excuses. Après une défaite, tu dois simplement te relever et gagner la prochaine fois.» Elle parle par expérience. Même s'il n'y aura plus de championnat de gymnastique Gym Wheel pour elle. Après s'être qualifiée en 2012, elle le savait : « Ça suffit. Il est temps de penser à un autre objectif.»

La décision est aussi une de ses forces. Maren Opfermann a appris cela il y a de nombreuses années en Kids Coaching avec Wolfgang Sonnenburg et Bob Proctor. A l'époque, Bob Proctor l'a encouragée à écouter sa voix intérieure, à se détacher de la pression scolaire et des professeurs, et à identifier la carte routière de sa vie. Elle se souvient de cette expérience qui l'a aidée dans les périodes où elle devait prendre des décisions. Maren se rappelle ce moment émouvant où, montée sur la scène de Baden-Baden en 2006 en compagnie d'autres adolescents, elle a interpellé tous les parents dans l'assistance en disant : « Nous nous sentons bien et nous savons ce que nous voulons : être nous-mêmes tout simplement, et être aimé pour ce que nous sommes ».

La phrase de l'avenir clignote sur son iPad : dans 1000 jours, Maren Opfermann deviendra propriétaire du cheval qu'elle monte tous les jours. Alors elle galopera dans la campagne en montant à cru et sans bride. Elle enlacera le cou de son cheval et ressentira le frisson de la liberté. Elle en parlera dans des évènements internationaux, dans des Kids Coaching. La championne du monde ne pourrait pas présenter un thème aussi authentique que celui-ci : « Se fixer des objectifs et les atteindre». Elle est un exemple. Nous l'applaudissons.

# Wiebke Sohst,
# Auteure de Livres pour les enfants

## Le Voyage en Terre de Feu

Quelque part entre l'extrême Sud de l'Amérique Latine et le Nord de l'Alaska, il existe un phare : il est grand et de forme ronde et sa façade striée de rouge et de blanc montre des encoches creusées par le vent et les vagues depuis des centaines d'années. Cette tour envoie vers le ciel ses rayons de lumière et indique le chemin aux navigateurs, comme tous les autres phares sur les côtes maritimes. Mais celui-ci n'est pas comme les autres : il est spécial.

L'auteure Wiebke Sohst est allée jusqu'à lui. Elle a quitté le Chili en direction de la Terre de Feu par le Détroit de Magellan. Elle a voyagé jusqu'à l'extrémité du méridien qui relie le Chili à l'Argentine. Elle a traversé des forêts primordiales et des semi-déserts jusqu'à Puerto Williams et même un petit peu plus loin.

La route qui y mène est parsemée de merveilles, de fascination, d'une faune et d'une flore rares qu'elle n'a vu que dans les livres. Elle a apprécié l'hospitalité des gens locaux et les histoires qu'elle a entendues l'ont enthousiasmée. Une histoire en particulier lui a touché le cœur. Alors qu'elle se tenait devant ce phare, les habitants de l'île lui ont chuchoté à l'oreille : « C'est à cet endroit précis : c'est ici la fin du Monde...». « Oui, mais alors où commence le Monde ? », répondit-elle en riant. Ses nouveaux amis ne connaissaient pas la réponse : ils ont haussé les épaules. A partir de cet instant, Wiebke Sohst a su qu'elle écrirait un livre, un livre pour enfants, qui parlerait d'un voyage au bout du Monde et d'un retour jusqu'à son commencement. Car les voyages ont depuis toujours été sa passion.

Jusqu'à ce jour, Wiebke recherche toutes les occasions de vivre l'excitation en dehors des sentiers battus. Tous ceux qui ont traversé le fleuve Amazone, qui ont dormi dans des huttes ouvertes sur la jungle, qui se sont protégés des tempêtes de sable dans les déserts d'Afrique de l'Ouest - tous ceux-là connaissent la diversité de ce monde et veulent inspirer les autres à vivre l'aventure.

Wiebke Sohst a publié son livre pour enfants en 2010. Elle a pris pour personnage principal une jolie mouffette et le titre du livre est : « Le voyage de Tinga en Terre de Feu».

> *Tinga raconte son plan à son ami : « Je veux voir des forêts, des lacs et des montagnes, et bien sûr je veux voir l'Océan. Je veux aller jusqu'au bout du Monde ! Et, bien sûr, je veux voir ce fameux phare. Je veux rencontrer le Roi des Pingouins ! Je veux lui demander où se trouve le commencement du Monde. En d'autres termes, je démarre un voyage de recherche » dit Tinga en souriant fièrement. L'ami de Tinga réfléchit un instant et lui dit : « Tu ne penses pas que c'est un petit peu trop pour toi ? Tu n'es qu'une petite mouffette après tout : ne l'oublie pas !» « Moi, une petite mouffette ? Fadaises que cela ! Je suis Tinga, l'exploratrice scientifique ! ». Son ami la fixe avec étonnement : « Tinga, tu es folle... et tu es très brave ! »*

L'auteure veut transmettre à ses jeunes lecteurs ce courage de vouloir grandir au-delà d'eux-mêmes qu'ils porteront toujours en eux. Au cours de ses séances de lecture dans les écoles maternelles et primaires, elle emmène toujours avec elle un énorme globe terrestre gonflable. Et quand elle indique l'emplacement de la Terre de Feu, là où habite Tinga, les yeux des enfants s'écarquillent, car ils réalisent combien c'est excitant de se trouver là-bas. Ils adoreraient grimper les marches qui mènent au phare en compagnie de Tinga. La petite graine du courage peut devenir énorme, s'il existe des exemples à suivre...

Bob Proctor a joué le rôle d'un modèle pour cette auteure. Son concept de changement de paradigme dans la vie l'a beaucoup impressionnée. Quand Bob Proctor a parlé au Winspiration Day de Zurich en 2011, elle a écouté, en compagnie de centaines d'autres invités, sa thèse concernant le fait de briser les vieilles structures mentales. Elle a été inspirée et depuis ce jour elle utilise toutes ces impulsions dans son travail de psychologue d'affaire et directrice de division dans une grosse firme allemande - avec beaucoup de succès. Depuis lors, elle examine beaucoup de ses gros projets avec une vision différente et plus large. Et elle est en train d'écrire un second livre sur l'aventure et l'amitié, à la découverte du Monde.

Pour Wiebke Sohst, Winspiration Day est un jour de l'année qui répand la curiosité. Pour elle, il s'agit de courage et de confiance en soi. Tout comme dans ses livres. Elle sera encore là cette année, le 7 mai 2013, et elle lira à haute voix : « Qui veut aller en Terre de Feu ? ». Nous espérons qu'un jour, beaucoup de ses jeunes lecteurs iront là-bas.

# Felix Finkbeiner, Ambassadeur de l'Avenir

## Planter pour l'avenir

« Pourquoi ne fait-on rien ou presque pour l'avenir des enfants ? ». Felix Finkbeiner a posé cette question il y a 6 ans et s'est tourné vers ceux qui sont responsables : les adultes de ce monde. A l'époque, Felix avait 9 ans. Il a interrogé des enseignants, des voisins, des entrepreneurs. Il a demandé à des hommes politiques. La réponse qu'il obtint fut un haussement d'épaules. L'histoire aurait pu s'arrêter là.

Au vu du silence des adultes, la plupart des enfants se seraient résignés dans l'espoir qu'un jour tout irait bien. Mais les problèmes de l'avenir sont trop énormes pour que l'on puisse se voiler la face et se cacher les yeux. Trente mille personnes meurent de malnutrition tous les jours. Un milliard de terriens vivent dans la pauvreté absolue. Et si les changements climatiques perdurent, alors la glace du Groenland va fondre et des iles entières seront englouties sous les océans. Felix n'aurait pas été malin, engagé et même intelligent pour un garçon de son âge, s'il s'était contenté de ce silence.

Felix pense que dès qu'il s'agit de formuler des phrases creuses et réchauffées au bas de contrats, alors les adultes de la scène internationale peuvent parler sous le feu des projecteurs. La Conférence sur le Développement Durable, la Conférence de Kyoto, la Conférence du Millénium - toutes sont des exemples de faux-semblant. Mais le problème réside dans la mise en œuvre.

Donc Felix, de son propre chef, a décidé d'améliorer le monde un petit peu. Il a cherché des sympathisants à la cause de l'enfance ainsi que des jeunes pour coller des affiches et pour planter des arbres. A l'âge de 12 ans il a parlé à la tribune des Nations Unies et plus récemment à la chaire de l'église Erloserkirche de Munich.

❚ http://may7.org/gczb —video avec Felix Finkbeiner

Les adultes écoutent ses paroles, l'applaudissent et prennent à cœur sa dernière phrase : « Tout ira bien, si nous nous réveillons pour faire les choses qui sont justes». A cet instant, il agite son pamphlet polémique. Il sourit et répand sa foi juvénile en la bonté humaine. Il espère qu'après son discours d'une heure, chacun quittera l'église avec une conscience différente et une vision plus large des changements climatiques et de la justice sociale.

*« Comment ton idée, qui est aujourd'hui une histoire de succès, a t-elle démarré ? »*

Ce n'était pas si spectaculaire au départ. Il y a 6 ans, j'ai fait un exposé en classe sur la crise climatique. J'en connaissais déjà un petit peu sur le sujet, puisque quelques jours avant, mon grand-père avait lu avec moi le livre de Al Gore intitulé « Une Vérité qui dérange ». J'avais aussi lu l'histoire de Wangari Maathai, cette activiste écologiste spécialiste des Droits de l'Homme et Prix Nobel de la Paix : elle a planté 30 millions d'arbres en 30 ans. Donc je me suis dit : « Si des femmes en Afrique font cela alors nous, les enfants, nous pouvons planter un million d'arbres dans chaque pays du Monde.». Je n'aurais jamais pensé que la dernière phrase de mon exposé « Plantons 1 million d'arbres dans chaque pays de la Terre » allait provoquer un mouvement mondial.

« *Donc cette phrase est devenue l'objectif de ton mouvement ?* »

Oui. Mon professeur m'a fait répéter la phrase devant les élèves, devant le principal, devant d'autres écoles. Deux mois plus tard nous avons créé « Planter pour la Planète », en association avec les écoles voisines. Depuis ce jour, notre but est le suivant : nous, enfants et jeunes, voulons que chacun plante 150 arbres, soit 1000 milliards d'arbres au total sur la planète. Jusqu'à présent, nous les enfants avons déjà planté des millions d'arbres et, avec l'aide de nombreux adultes, plus de 12,5 milliards d'arbres nouveaux. Le monde est plus vert et plus sain parce que chaque année un seul arbre capte 10 kilogrammes de dioxyde de carbone.

« *C'est ta manière de manifester pour l'Avenir ?* »

Oui, c'est aussi cela. Tant que les gouvernements ne comprendront pas que les combustibles fossiles (le pétrole) doivent rester à leur place, c›est-à-dire dans le sol, nous allons faire de la résistance par nos campagnes. Nous manifestons et nous plantons. Nous nous mettons en avant et nous défendons notre avenir. Nous sommes 100.000 enfants et nous n'allons pas rester tranquilles. Nous parlons. Même avec les gouvernements. Nous avons récemment signé un accord avec les maires et le Premier Ministre de l'état mexicain du Quintana Roo : il y a 200 millions d'arbres qui sont en train d'être plantés - 150 par citoyen. C'est pas mal comme succès ».

*« Qui sont vos principaux supporters ?»*

Dans tous les cas, le Prince Albert. C'est notre parrain. L'ancien Ministre de l'Environnement, Norbert Rottgen, est dans notre groupe d'amis et il figure sur nos affiches de campagne « Assez parlé. Commencez à planter ! ». Nous, les enfants, nous fermons la bouche d'un certain nombre de personnalités importantes. Vous pouvez le voir sur notre site web : [http://may7.org/bgan] Il est trop tard pour la parlote. Le temps nous manque crucialement.

*« D'où vient l'argent pour les arbres, les campagnes et les ma-nifestations ? »*

Nous ne recevons aucun fonds public. Des individus privés nous aident par des paiements mensuels de 5, 10 ou 20 euros. Nous trouvons des sponsors, ou plutôt, ce sont eux qui nous trouvent. Nous voulons que les entreprises payent un Impôt-Avenir, soit 0,01% de leurs ventes, en tant que contribution durable pour notre avenir. Cela fait maintenant un an que nous vendons du chocolat - du très bon chocolat, vraiment ! On l'appelle « Le Bon Chocolat » Comme personne de l'industrie du chocolat ne voulait payer l'Impôt sur l'Avenir, nous avons réfléchi : « Fabriquons nous-mêmes nos tablettes de chocolat en Suisse, avec les meilleures graines de cacao du Ghana, comme un produit de commerce équitable.». Pour 5 tablettes de chocolat vendues nous pouvons planter un arbre. En attendant, néanmoins, un certain nombre de confiseurs payent leur contribution.

*« Quelle est votre vision dans « Plantez pour la Planète ? »*

Nous avons développé un plan en 3 points pour le « Sauvetage de notre Avenir » à partir de consultations auxquelles des enfants de 150 pays ont participé :

1 : Nous voulons que chaque être humain plante 150 arbres - cela fait mille milliards d'arbres. Nous voulons que cet objectif soit atteint pour 2020 : et ça peut se faire. C'est le temps qu'ont mis les USA pour envoyer leur premier vaisseau spatial habité sur la Lune.

2 : Nous voulons laisser les carburants fossiles dans le sol et réduire les émissions de dioxyde de carbone à zéro d'ici l'année 2050. Cela signifie que nous n'utiliserons que les sources d'énergies renouvelables, qui existent déjà aujourd'hui.

3 : Pour nous assurer que la Terre ne se réchauffe pas de plus de 2 degrés centigrades, nous pourrions ne rejeter qu'une certaine quantité de CO2 dans l'atmosphère, en fait 600 milliards de tonnes. Si nous partageons en parts égales cette production dans la population mondiale, cela fait 1,5 tonne de CO2 par personne et par an. Quiconque émettra dans l'air plus que cela devra payer ceux qui émettent moins.

Et cet argent pourra être investi dans les soins médicaux et dans l'alimentation des gens pauvres. Ou encore, on pourra l'investir dans de nouvelles technologies.

Nous voulons la justice climatique et la justice sociale. Pour défendre ces 2 objectifs, nous nous éduquons les uns les autres dans les académies pour enfants. A ce jour, 1700 académies se sont tenues dans le Monde. Là, nous apprenons à faire des discours, nous apprenons comment fonctionnent les réseaux, ce qui est important dans les négociations, comment nous concevons l'avenir et comment nous pouvons emmener les adultes avec nous.

L'Association Winspiration Day, elle aussi, supporte ce type d'enseignement et sponsorise nos académies. Depuis que nous les enfants ont reçu le prix Winspiration Day en 2012 pour « Planter pour la Planète », nous savons que Wolfgang Sonnenburg est notre ami et qu'il nous fait de la publicité et qu'il représente nos objectifs. Le jour de la remise des prix à Winterthur en Suisse, nous avons planté des arbres pour célébrer le World Environment Day (la Journée Mondiale de l'Environnement), nous avons été surpris de recevoir le trophée : cela nous incite à continuer. Cela nous montre que les adultes sont en train de nous regarder, de nous écouter et de nous comprendre.

*« Que vas-tu faire le 7 mai ? »*

Je serai à l'école. Et ce qui est sûr, c'est que, quelque part dans le monde, il y aura des enfants qui vont se rencontrer - et j'espère avec des adultes - pour planter des arbres. Dans des endroits prévus à cet effet, et même dans des endroits non prévus pour cela. C'est très simple : creuser, planter, arroser et entretenir.

*« Est-ce que les adultes rigolent de ton enthousiasme, ou est-ce qu'ils te soutiennent ? »*

Quand certains adultes nous disent : « La crise climatique ? Il n'y a pas de crise climatique ! », alors nous répondons : « Si nous suivons les experts climatologues et si nous découvrons dans 20 ans qu'ils ont eu tort, et bien nous n'aurons rien fait de mal. Mais si nous suivons les sceptiques et découvrons dans 20 ans qu'ils avaient tort, alors il sera trop tard pour sauver notre Avenir ».

« *Est-ce que cela vous arrive de penser, toi et tes amis, que la tâche que vous avez entreprise est un peu trop énorme pour vous ?* »

Un seul moustique ne peut pas impressionner un rhinocéros, mais un millier de moustiques peut le faire changer de direction.

« Merci Felix et nous te souhaitons beaucoup de succès dans l'avenir. »

# Holger Böhm,
# Créateur de Maîtres

## Connaître ses propres talents

Holger Böhm fait du consulting pour des sociétés et des créateurs d'entreprise. Il développe du contenu éducatif pour des hommes de métier en passe de devenir des maîtres dans leurs domaines respectifs et il coache des hommes et des femmes qui ne veulent qu'une chose : identifier leurs propres talents et vivre en concordance. Il se voit comme un simple partenaire, ou comme un compagnon sur le chemin d'une destination excitante. Sa méthode est basée sur 3 piliers : créativité, talent et communauté.

*« Comment trouvez-vous les talents chez vos clients ?*

Au travers d'une conversation personnelle. Premièrement, nous faisons l'inventaire. Ensuite, grâce à une technique spéciale de questionnement, je découvre quel talent mon client avait quand il était enfant et quand il ou elle a été l'objet d'une attention spéciale. C'est ainsi que nous approchons les talents cachés. Il peut se produire des moments très émotionnels qui peuvent remuer sacrément et les rendre tristes ou heureux. L'éventail des sentiments exprimés dépend du tempérament du client.

*« Est-ce que cela signifie a contrario que quiconque fonctionne en utilisant ses talents est une personne heureuse ? »*

Quiconque fait de son métier une vocation est une personne heureuse. Cela rejaillit dans tous les aspects de sa vie. C'est ce qui attire le bonheur comme un aimant. Il est possible d'identifier les gens heureux par leur posture, l'éclat de leur regard, le sourire sur leur visage. Ils prennent soin d'eux. Ils entretiennent des contacts sociaux. Ils sont en bonne santé. Ils entretiennent des pensées positives et ils ont du charisme.

*« Toutes les véritables révélations sont provoquées par une crise. Est-ce que ce fut le cas pour vous aussi ? »*

Mon propre parcours professionnel est un exemple vivant de ma thèse : j'ai terminé ma spécialisation en publicité, et j'ai conclu mon cycle d'études en me concentrant sur le marketing, et presque par compulsion, j'ai créé une agence publicitaire. J'ai eu beaucoup de succès. Mais j'ai réalisé rapidement que générer des commandes et envoyer des factures ne me suffisait pas. Je ne voulais pas comprimer mes idées dans des stratégies de communication. J'ai recherché un mentor à cette époque. J'ai démarré un long processus et j'ai découvert mes talents véritables : soutenir les gens et créer des communautés. Cette révélation a entraîné de nombreux changements : j'ai vendu mon agence et j'ai changé de profession. Aujourd'hui je suis un coach qui réussit et un conférencier. J'insère un peu de mon savoir-faire en marketing quand je traite avec des start-up et des entreprises en crise, mais de façon primaire je me concentre sur la découverte des talents de mes clients.

*« Est-ce que cela signifie qu'une bonne communauté favorise le développement personnel ? »*

Les gens peuvent accomplir de bien plus grandes choses ensemble qu'en étant des combattants solitaires. Donc je réunis les gens dont les talents se complètent réciproquement et dont les objectifs sont semblables. On peut tirer ainsi un pouvoir énorme.

*« Le Winspiration Day correspond t-il à cette thèse ? »*

Oui. Une prestation scénique bien orchestrée, avec des exemples et des histoires émouvantes, peut être une grande source de motivation. Mais des formats plus modestes peuvent aussi avoir un grand impact. La somme des idées et des énergies rassemblées font du 7 mai, tous les ans, une journée inestimable. Je vais demander cette année à mes élèves-maîtres de la Chambre de Commerce et d'Industrie de Braunschweig de répondre à ces 2 questions : « Comment pouvez-vous rendre votre travail vraiment épanouissant ? Comment pouvez-vous transformer vos rêves en réalité ? »

*« Mais un jour ne suffit pas pour réaliser des rêves ? Qu'en pensez-vous ? »*

C'est vrai. Mais tout processus commence par un stimulus avant de pouvoir faire le premier pas. Peut- être avons-nous besoin pour cela d'être accompagné par des gens qui ont nos meilleurs intérêts à cœur. Cela pourrait se faire. Mais nous n'avons aucun besoin de gens sceptiques. Nous avons besoin d'exemples. Ou d'une bonne communauté. Pour ma part, j'offre des conférences en plus de mes séances de coaching. Ensuite, nous parlons de développements positifs et d'expériences significatives durant la semaine et, enfin, nous parlons de nos objectifs. Nous passons chaque étape ensemble.

# Tilo Maria Pfefferkorn, Entrepreneur

## Le succès par la prise d'action personnelle

En vérité, il voulait être prêtre. Quand les autres enfants rêvaient de découvrir des continents en tant que pilotes ou capitaines, Tilo Maria Pfefferkorn se voyait prêcher du haut d'une chaire. La parole révélée, les valeurs vécues, la fiabilité de la tradition et du rituel : tout cela l'impressionnait. Mais les choses ont pris une autre tournure. Il est devenu entrepreneur. Et selon sa compréhension de la doctrine de Luther, il a fondé une famille, a planté un arbre et a écrit un livre. A l'âge de 30 ans, ces 3 tâches étaient accomplies. Donc il s'est demandé : « Qu'est–ce que je fais maintenant ? Où vais-je pouvoir trouver d'autres défis à relever ? ».

Il les a trouvés en devenant professeur assistant en administration des affaires, ainsi qu'entrepreneur en multiservices, avec plusieurs bureaux dans Hambourg, et aujourd'hui avec les « Ecos-Office Centers » de Hambourg. Tilo est passionné par son travail et il attend la même chose de ses employés.

> « Entre autres choses, vous accompagnez des étudiants et des créateurs d'entreprise dans leur carrière professionnelle. Quelles sont vos directives pour le succès ? »

Apprendre. Apprendre tout au long de sa vie. Et toujours se demander encore et encore et encore : « Qu'est-ce que je peux faire de vraiment bien ?» ou mieux encore : « Qu'est-ce que j'aime vraiment ? Quelles sont les tâches qui m'épanouissent ? A quoi ai-je envie de dédier mes talents ?». En d'autres termes, libérez votre esprit des attentes des autres. Pour une fois, concentrez-vous et écoutez votre for intérieur afin de découvrir ce que la Vie désire vraiment que vous viviez. Nous avons la liberté de façonner nos propres desseins. C'est un processus de création. Mais nous n'apprenons pas cette créativité à l'école ou à l'Université, malheureusement, cela manque crucialement aux 2 endroits. Mais c'est une notion décisive pour notre propre succès et notre propre bonheur.

*« Vous faites la promotion d'un sujet appelé : Créativité dans le programme scolaire ? »*

Absolument. L'accent principal dans les écoles est mis sur le fait de courir un sprint dans les études plutôt que de trouver sa propre personnalité. Si j'avais le pouvoir de changer quoi que ce soit, je ferais en sorte que les enfants aillent à l'école à partir de 4 ans. Cela leur permettrait d'avoir plus de temps pour se découvrir et se développer. 4 de mes 5 enfants ont appris le Grec classique après avoir étudié le Latin, en accord avec la tradition humaniste. A première vue, il n'y a pas grand-chose à faire avec cette langue morte. Mais en deuxième approche, un énorme potentiel apparait. Les enfants sont rapidement absorbés dans cette étude et ils découvrent le pouvoir de la concentration. Ils apprennent que la créativité grandit lentement : elle a besoin d'espace. Presque incidemment, ils apprennent ce que peut signifier le fait de faire quelque chose en dehors des sentiers battus. Je pense que beaucoup de parents et d'enseignants oublient de donner le temps à leurs enfants de jouer, d'apprendre et de se découvrir eux-mêmes.

*« Et le sprint continue à l'Université ? »*

Oui. Et il y a encore une chose contre laquelle je m'insurge : les programmes d'enseignement sont obsolètes. Je remarque quelques bonnes approches, par exemple : les enfants apprennent déjà en primaire à présenter un exposé devant leur classe - ils montrent et ils racontent. Cela peut les aider plus tard à l'Université. Mais en ce qui concerne l'art de gérer les relations entre personnes, comment se comporter avec les autres, ils n'apprennent pratiquement rien. Hélas, le moteur n'est pas celui du bon pasteur qui demande : « Qu'est-ce qui te touche ? Que voudrais-tu réaliser ou changer ? Comment voudrais-tu enthousiasmer les autres dans l'avenir ? Pourquoi veux-tu faire cela ? ». Au contraire, c'est plutôt : « Comment puis-je réaliser mes objectifs de la manière la plus efficace et gagner de l'argent en retour ? » Cette question est permise, mais cela n'a aucun sens de se la poser dans les cas où ce que l'on fait ne nous émeut pas.

*« Donc, penser à sa carrière et à l'argent est une mauvaise chose ? »*

Quand j'engage un nouvel employé, bien sûr je regarde son CV et ses références, mais la question de savoir si cet homme ou cette femme conviendra à ma société prend une part bien plus grande dans ma décision de l'embaucher ou non. Pour moi, la connaissance est d'un intérêt secondaire : elle peut facilement s'ajouter. Mais le caractère, la personnalité, le dévouement, l'attitude envers la vie, la conscience de sa propre valeur et le sentiment de bonheur, c'est tout cela que je veux ressentir.

Donc, après un entretien initial, je remets au postulant le livre intitulé « Les cinq grandes choses de la vie : ce qui compte vraiment dans la vie » et je lui demande de le lire et d'en discuter avec moi dans un prochain appel téléphonique. Je veux apprendre ce qui le (la) touche. Après cela, je saurai si ce poste lui conviendra et si ses objectifs personnels seront satisfaits à ce poste. Et à maintes reprises, même quand ils ne sont pas embauchés, les postulants me remercient en me disant : « Je n'avais jamais réfléchi aussi intensément à moi-même »

> *« Le 7 mai, le Winspiration Day, est aussi un jour pendant lequel les gens réfléchissent à leur vie et identifient leurs talents et quelles sont les visions qui les guident. Qu'est-ce que vous organisez ce jour-là à Hambourg ? »*

Nous décrivons en détail ce qu'est le bonheur. Pendant 4 semaines nous répondons tous les jours par écrit à la question : « Quelle a été la meilleure partie de ma journée ?». Parce que peu importe combien notre journée a été stressante, nous pouvons identifier un moment particulier de plaisir. Parce que nous en vivons tous les jours. Si nous focalisons notre vision là-dessus, notre vision des choses restera claire. La performance maximale grandit mieux dans la lumière et la chaleur. Donc, tous les jours, nous demandons à un individu quelle a été sa meilleure expérience au travail et ensuite nous lui demandons de poser la même question à un autre individu. Donc le 7 mai, il y aura beaucoup de gens qui vont parler de leur bonheur. Le 7 mai, nous allons revoir des expériences, des développements et des évènements qui nous ont inspirés ce jour et les jours précédents. Nous vivrons des instants de gratitude et nous affûterons nos attentes des bonnes choses à venir.

*« Quelle est votre vision personnelle en tant qu'entrepreneur ? »*

Ouvrir de vastes terrains de jeux pour mes clients, les encourager à concevoir des espaces de travail sensibles et modernes. Ce qui compte le plus au niveau du lieu de travail personnel, ce n'est pas l'exiguïté, c'est l'indépendance et la joie. Je veux les libérer de la peur d'avoir à gérer leur liberté. Et la liberté signifie aussi pour moi : rejeter les poids morts, se débarrasser de tâches inutiles pour se concentrer sur le plus important, c'est-à-dire sur les compétences de base. J'offre des solutions orientées sur les résultats et je vais continuer à les affiner jusqu'à ce qu'elles correspondent à chacun de mes clients en service multi-office. Je veux leur apporter des idées et une sorte de compagnonnage - être un innovateur fiable dans le domaine des services de bureau. Nous créons des espaces libres.

« Merci Monsieur Pfefferkorn. »

# Les Perspectives :
## Être Penseur d'Avant-Garde en Utilisant la Puissance des Rêves

*« Les gens qui ont des petits rêves resteront petits toute leur vie » Robert T. Kiyosaki*

Il existe un rêve universel. Il couvre toutes les latitudes et longitudes de cette Terre et il remplit les gens d'un désir ardent. Indépendamment de la couleur de peau, de l'âge ou du sexe, il unit les nations par-delà les barrières linguistiques. Sa consistance est fragile et ne peut se caler dans une équation, ni être décrétée par la loi. Ce rêve ne peut se réaliser qu'avec les images et les pensées que les gens créent dans leur esprit. Je parle du bonheur.

Les grands penseurs-philosophes, littéraires, artistes, scientifiques naturalistes - tous ont tenté d'explorer le bonheur et de le formuler en tant qu'essence des religions et de l'histoire spirituelle de l'humanité.

La pensée intelligente a depuis guidé le Monde, en créant de l'espace pour la liberté et l'épanouissement. Néanmoins, de nouveaux aspects du bonheur sont constamment introduits, parce que chaque personne laisse sa trace dans la vie. Donc ce rêve de bonheur ne finira jamais, de la naissance à la mort, et puis il recommencera dès le début avec la prochaine génération. Définir le bonheur demeure une tâche continuelle que chacun d'entre nous doit entreprendre tout seul, pour qu'il puisse dire à la fin de ses jours : « La vie a été bonne. Je n'ai aucun regret. »

## Pour ne pas avoir de regret à la fin de notre vie

En 1968, Robert F. Kennedy, debout devant les étudiants de l'Université du Kansas, créait une grosse inquiétude dans l'assistance en parlant ainsi : « Notre Produit National Brut» est actuellement de 800 milliards de dollars par an. Mais ce PNB'inclut la pollution de l'air, la publicité pour les cigarettes et les ambulances qui nettoient les conséquences des bains de sang sur nos autoroutes. Il inclut aussi les serrures spéciales posées sur nos portes d'entrée et les prisons pour ceux qui forcent nos portes d'entrée. Il comprend la destruction des séquoias géants et la décimation de nos merveilles naturelles, causée par notre urbanisation tentaculaire et chaotique. Mais notre PNB ne prend pas en compte la santé de nos enfants, la qualité de leur éducation ou leur joie quand ils jouent. Il n'inclut pas la beauté de notre poésie ou la solidité de nos mariages, l'intelligence de nos débats publics ou l'intégrité de nos fonctionnaires d'état. Il ne mesure ni notre bon sens ou notre courage, ni notre sagesse ou notre institution, ni notre compassion ou notre dévouement à notre pays. En bref, le PNB mesure tout sauf ce qui fait que la vie vaut le coup d'être vécue. ».

Où se situe le courage de défendre les thèmes du bonheur et de chasser les plus grandes entraves à ce bonheur que sont la Peur et le Doute ? Quand Martin Luther King émit son appel pour un mouvement non violent contre la discrimination envers les Noirs, ses partisans furent le plus gros obstacle. Ils avaient subi la souffrance et l'oppression depuis trop longtemps. Ils doutaient complètement qu'un jour les choses puissent changer. Quarante ans plus tard, les Etats Unis d'Amérique ont élu leur premier Président Noir.

Le monde évolue dans le bon sens. Nous devons seulement le percevoir et l'accélérer avec notre énergie. Nous pouvons exiger des hommes politiques qu'ils insèrent dans les débats quotidiens l'énorme richesse des connaissances médicales et techniques, plutôt que d'octroyer de la place à des lobbyistes ou d'agiter la peur que des emplois pourraient disparaître. Ces discours-catastrophe sont totalement déplacés. Pourtant, une chose est sûre : dans l'avenir, les emplois et les exigences vont changer.

C'est une bonne chose, puisque de nouvelles perspectives s'offrent à nous. Les économistes influents prêchent l'idée qu'on devrait diriger l'attention sur les gens et leur satisfaction, plutôt que sur la profusion des nouveaux produits disponibles ou que la focalisation sur les profits et bénéfices.

Les grands joueurs, même les très grands joueurs, ont compris ce secret : les employés heureux donnent le meilleur d'eux-mêmes. Il s'agit souvent d'entreprises qui allient tradition et innovation qui se demandent : « Comment adapter nos produits aux exigences du moment ? Comment éliminer les défauts ? »

Il y a 90 ans, Otto Bock a voulu faciliter la vie des invalides de guerre à l'aide de ses prothèses en bois. Aujourd'hui son entreprise fournit des prothèses high-tech en fibre composite, une idée empruntée à l'industrie de l'aviation. Heinrich Popow a remporté le sprint du 100 mètres à Londres avec la jambe-prothèse d'Otto Bock. Il est devenu le modèle de toute une génération.

Mac Donald's a changé ses directives nutritionnelles : armée de la connaissance de la malnutrition offerte par les fast food, la société s'appuie maintenant sur de la nourriture biologique. Et le fondateur de la chaîne de drugstores dm-drogueriemark, Gotz W. Werner, avec sa philosophie axée sur le bien-être de ses employés et son éthique méticuleuse en affaire, est en train d'établir des standards qui devraient servir d'exemples à beaucoup d'autres. Des managers de renommée mondiale sont toujours émerveillés par les approches modernes de la société brésilienne SEMCO, qui fabrique des machines : les employés élisent leur patron, ils déterminent les tâches de travail à accomplir et ils déterminent même leurs salaires. Ils sont en train d'appliquer des doctrines d'affaire de manière sans dessus dessous et pourtant leurs performances sont fortes.

Nous aspirons à des images nous permettant de prendre conscience de nos capacités et à des modèles d'affaire qui favorisent les employés hors pair. Alors nous serons capables d'abolir les débats tracassiers des politiciens sur la sécurité de base des citoyens et de les reléguer à la place qui est la leur : dans un programme de cabaret.

## Un bonsai peut grandir

Personne ne devrait avoir le droit de rabaisser une personne comme ces arbres du Japon que l'on cultive en mini-format. Un Bonsaï, lui aussi, peut grandir, s'il n'est plus soutenu par une tige et s'il n'est plus entouré de fil de fer.

Dans notre société, la croissance commence à la maternelle. Les enfants ont soif de connaissance et de développement dès l'âge de 3 ans. Nous devons nous assurer que les meilleurs enseignants supervisent les plus petits pour leur montrer tous les jours qu'ils peuvent ressentir et se permettre des émotions, et qu'ils peuvent se découvrir eux-mêmes dans un cadre où attention et liberté entrent en jeu. Les systèmes de valeur se créent dans cette période précoce de la vie. Il n'y aura jamais aucun autre moment où ils pourront, avec autant d'intensité, se former le caractère et mettre en place leur confiance en soi.

Les développements de la personnalité commencent dans ces premières années de vie et continuent dans les stades d'élève, puis d'étudiant, puis de parent, puis d'employé, tout cela dans le cadre d'une contribution à la société.

## Les compétences du futur

Je n'ai pas besoin d'être voyant pour décrire les aptitudes qui détermineront les carrières dans les quelques années à venir. Les experts ont défini les compétences du futur comme un mode de pensée transculturel. De plus en plus des pays se rapprochent les uns des autres et ceci n'est aucunement lié à la vitesse des média. Une compréhension mutuelle profonde va créer des marchés dans tous les domaines de l'industrie. De plus, l'intelligence mathématique sera bien établie, car de nouvelles technologies seront utiles, sur une base quotidienne, pour traduire des quantités de données en concepts spécifiques et en applications compréhensibles. La pensée adaptative sera en grande demande car nous aurons besoin de créer des solutions plutôt que de nous plaindre des problèmes. Et je crois, personnellement, que le langage, parlé ou écrit, est le symbole de l'avenir. Car il encourage, il motive, il dresse le plan du bonheur avec des mots, il éveille différentes aires du cerveau. Je ne parle pas des livres de développement personnel, dont on inonde le marché par milliers chaque année, qui ne font que gonfler des petites thèses et qui, au final, ne peuvent que présenter des méthodes éculées. Nous n'avons pas besoin du dix millième manuel sur la gestion du temps. Au contraire, je fais allusion à des textes qui transmettent un message véritable, parce qu'ils sont inspirants et parce qu'ils permettent de réfléchir à notre vie et aux choses que nous voulons accomplir dans un laps de temps comparable à un clignement de paupière au regard de l'histoire du temps.

## Accomplir le meilleur ensemble

L'Association Winspiration Day veut pouvoir mesurer le bonheur dans la vie avec votre collaboration, et veut fournir des perspectives dans la vie. Pour que, à la fin de notre vie, nous n'ayons pas de regrets et pour que nous puissions transmettre à nos enfants le meilleur de ce que nous avons accompli.

Chacun peut contribuer, selon ses moyens et ses capacités, à son propre niveau.

Peut-être qu'une première étape serait de s'assoir dans un endroit calme et paisible, loin du chaos quotidien. Choisissez un endroit qui vous apporte une sensation de bien-être et écrivez noir sur blanc vos cinq principaux buts dans la vie : ce sont vos 5 buts principaux. Ils vous guideront tous les jours et pendant des années. Ensuite, partagez vos buts avec nous. Nous les ajouterons à nos formules pour le bonheur et ainsi nous inspirerons d'autres personnes. Ensemble nous pouvons faire bouger beaucoup de choses.

Pero Micic a raison quand il dit : « Nous avons besoin d'une bonne relation entre notre « Futur Je » et notre « Futur Nous ». En tant que Président de l'Association Winspiration Day, j'ai eu la chance de rencontrer des gens impressionnants. Chacun d'entre eux est porteur d'un message. Ils sont des sources d'inspiration et de véritables exemples, car ils contribuent, chacun, un peu par leur action, à un monde meilleur. Ils sont déjà aujourd'hui en train de penser à demain et ils ne restent pas empêtrés dans les positions tristes que nos médias aiment célébrer. Ils pensent dans l'avenir.

Comme Félix Finkbeiner, qui a assumé la tâche de maintenir les Hommes et la Nature en harmonie mutuelle, avec l'aide d'enfants de tous les pays de la Terre.

Comme Dagmar Riedel-Breidenstein, qui explique clairement aux jeunes hommes immigrants turcs à quel point les soi-disant tueries pour l'honneur sont de véritables crimes.

Comme le Professeur Manfred Spitzer qui, en sa qualité de scientifique, nous montre comment l'apprentissage change notre mode de pensée et, en fait, comment le fait d'apprendre permet au centre du bonheur situé dans notre cerveau de s'allumer et de sécréter l'hormone dopamine.

Le bonheur est fugace, mais on peut toujours l'invoquer en développant ses propres capacités. Comme Muhammad Yunus qui explique : « Est-ce que vous voulez tous devenir des mendiants ?

Non, c'est mieux d'avoir des gens qui travaillent ». Il ne s'agit pas de la distribution de la charité. Il s'agit d'aider les gens à s'aider eux-mêmes.

Comme Jane Mc Gonial, qui a inventé un jeu vidéo sur le bonheur et qui est entrée dans le cœur de centaines de milliers d'hommes et de femmes. Ses directives sur le bonheur sont basées sur les regrets des mourants que l'infirmière Bronnie Ware a publiés dans son livre. Mc Gonial transforme les 5 phrases importantes en une aptitude pour l'avenir, en des directives pour le bonheur. Je pense qu'elles conviennent parfaitement dans cette partie du livre et, globalement, les voici :

> 1 : Ayez le courage de vivre votre Moi véritable.
>
> 2 : Connectez votre métier avec votre vocation.
>
> 3 : Montrez votre amour et vos émotions
>
> 4 : Entretenez vos amitiés
>
> 5 : Décidez d'être heureux.

## Du rêve à la réalité

Le Winspiration Day a été conçu pour mettre l'accent sur le bonheur, une fois par an. J'ai initié ce jour de puissance depuis 2003, toujours le 7 mai. Depuis ce jour, des gens d'Allemagne, des USA, de Roumanie, de Suisse et d'autres pays se rassemblent. Ils organisent un grand spectacle ou décident de fêter l'évènement dans le calme et éprouvent leur potentiel en petits groupes.

Je les encourage à dessiner leur avenir et à envoyer une image dans l'Univers au moyen de présentations, d'ateliers et de soirées « Vision ». Parce que je suis convaincu qu'une fois qu'on a exprimé, visualisé ou même formulé par écrit, nous pouvons purement consolider nos pensées en transformant notre idée d'avenir en réalité tangible. Les champs d'énergie vont virer en direction du positif. La prise de conscience de nos propres perspectives de vie va croître. J'appelle cela le But dans la vie.

Pour finir, je voudrais vous quitter en exprimant un souhait personnel :

- Ecrivez à vos Élus au sujet de ce que vous attendez d'eux : ni plus ni moins qu'un cadre pour le bonheur tel qu'il est expliqué dans l'Index de Développement Humain. Collectez des signatures. Organisez des meetings. Envoyez des emails à des gens, à des organisations, à des entreprises.

- Ajoutez de la couleur à vos idées, une fois par an, le 7 mai. Nous, à l'Association Winspiration Day, nous vous soutenons.

Merci de m'avoir accompagné jusque-là. J'aimerais que nous puissions continuer ces discussions.

L'Avenir est ouvert. Vous seul pouvez décider de ce qu'Il vous réserve.

# Remerciements

Les histoires commencent par des conversations, par des rencontres et parfois par quelques lignes : en décembre 2012, j'ai reçu un email contenant une idée pour un livre. Je souhaite remercier l'écrivain Gabrièle Borgmann de sa coopération, pour avoir ajouté les mots à mes pensées dans ce texte.

L'artiste Simon Hofer a donné la vie à la philosophie de l'Association Winspiration Day. Il a dessiné le logo. Merci.

Mes remerciements vont aussi à tous ces gens qui ont participé aux évènements, et qui ont partagé leur inspiration et leurs visions. Ensemble, nous avons beaucoup accompli. Tout ira bien, si nous continuons ensemble.

# L'Auteur

Wolfgang Sonnenburg est un mentor, un conférencier, un auteur et un leader de la pensée. L'ancien avocat et entrepreneur était propriétaire d'un cabinet juridique et partenaire d'une firme de consultation fiscale et d'une société immobilière.

En conjonction avec ses organisations Win-Win AG et le réseau NIKKEN, ainsi qu'avec l'Association Winspiration Day, Wolfgang Sonnenburg veut inspirer le monde des affaires à regarder bien au-delà des profits et bénéfices. Pour lui, ce qui est important est de penser à l'avenir, vivre dans l'ici et le maintenant avec une sensibilité tournée sur le demain. Il voit le bonheur humain dans une approche holistique. Sa devise est : « Le bénéfice motivé par un But Supérieur. »Dans son approche de mentor, il encourage la pensée et le dessein optimistes, ainsi que l'identification et le peaufinage de nos propres capacités.

Il décrit ainsi le cœur de sa philosophie : « Je nous encourage, moi et les autres, à prendre notre place dans la Vie. » Seule l'interaction entre l'éducation, la santé, le bonheur et la sécurité financière conduit au véritable bien-être.

Wolfgang Sonnenburg a instauré le Winspiration Day en 2003 et a fondé l'Association Winspiration Day en 2012 afin d'apporter au 7 mai, jour de concentration sur sa propre puissance, une signification mondiale.

Winspiration Day 2005 : Le programme sur la scène de l'Hôtel Estrel, de Berlin, a inspiré des centaines de spectateurs.

Standing ovation pour les artistes magnifiques à la fin du spectacle de Berlin 2005.

L'actrice Claudia Wilde est une supportrice du Winspiration Day depuis des années. En 2005, elle a rejoint Wolfgang Sonnenburg sur scène.

« Joyeux Winspiration Day ! » Le jeune Alex Lewis est heureux de recevoir sa récompense et les applaudissements sur la grande scène de Baden-Baden en 2006.

La chanteuse Joanna Zimmer lors de la dernière répétition pour le Winspiration Day 2005.

Le sponsor et ami du Winspiration Day 2010, à Berlin, le Docteur Thomas Jager, directeur de BNI Berlin.

Maren Opfermann, championne du monde de gymnastique GymWheel a tout d'abord participé au Kids Coaching. Aujourd'hui, elle motive d'autres jeunes gens, en tant qu'entraineuse et présentatrice, à réaliser leurs buts dans la vie. En 2010 elle a délivré un discours inspirant.

En 2010, le Professeur Manfred Spitzer a reçu le Prix Winspiration Day pour ses recherches sur l'apprentissage qui préserve le cerveau.

Ambassadeur de la Tolérance, Dagmar Riedel-Breidenstein reçoit, en reconnaissance pour son œuvre, le Prix Winspiration Day 2010. En équipe avec les « Héros », elle change le comportement des hommes immigrés. Par cette approche, elle s'attaque à l'hostilité envers les femmes et aux soi-disant « meurtres pour sauver l'honneur ».

En 2010, Claudine Krause a présenté la société de Secours d'Urgence pour la Jeunesse, Jugendnothilfe Jung und Jetzt eV à Berlin. L'Association Winspiration Day a participé à la fondation de cette société.

Préparations pour le Winspiration Day 2011 à l'Hôtel Renaissance de Zurich.

Les invités attendent avec impatience un programme qui va stimuler la réflexion de chacun sur ses rêves dans la vie.

Nicolette du Toit, Manager Marketing chez Microsoft Suisse, est montée sur la scène du Winspiration Day 2011 à Zurich pour présenter sa vision de l'avenir « Le Nouveau Monde de l'Emploi ».

Silence et contemplation dans la salle : le chanteur d'Opéra Fredrik de Jounge a captivé le public par sa voix.

Le coureur cycliste professionnel Franco Marvulli a gagné de nombreux titres : champion du monde, vice-champion du monde et médaillé d'argent aux Jeux Olympiques. En 2011, il est monté sur la scène du Winspiration Day.

Finaliste du Talent Show en Suisse, Julia Star a chanté et a mis le feu parmi le public et sur la scène avec sa flamme juvénile.

Bob Proctor a fait tout le trajet depuis le Canada. Il est ami et compagnon de Wolfgang G Sonnenburg depuis de nombreuses années. Au Winspiration Day 2011, il a délivré un brillant atelier de 2 heures sur le thème : « Créez votre propre économie ».

Des Idées pour le Futur : des étudiants présentent leur projet d'affaire au Winspiration Day 2011 à Zurich. Ils ont créé des sacs en toile qui sont devenus très populaires. Ils ont obtenu un nom de marque et se sont établis dans le monde de la mode sous le label « Backbord ».

A l'âge de 97 ans elle a toujours des rêves : Jennet Robins a parlé de ses souhaits dans la vie et a touché par son esprit plusieurs centaines de spectateurs. Après sa mort en 2012, son livre intitulé « Une Quête d'Amour » reste toujours digne d'être lu. [http://may7.org/ebxx]

L'Humour rencontre la Beauté : le clown Shiven et Nadine Vinzens, Miss Suisse 20012/2013, se sont parfaitement entendus lors du Winspiration Day à Zurich.